辽宁省社会科学规划基金项目（L21BGL048）
辽宁省科技厅基金项目（2022JH4/10100109）

经管文库·管理类
前沿·学术·经典

产学研协同创新体系建设研究
——以辽宁省高校为例

RESEARCH ON THE CONSTRUCTION OF INDUSTRY-UNIVERSITY-RESEARCH COLLABORATIVE INNOVATION SYSTEM — TAKING COLLEGES AND UNIVERSITIES IN LIAONING PROVINCE AS AN EXAMPLE

徐　皓　赵　强 著

经济管理出版社
ECONOMY & MANAGEMENT PUBLISHING HOUSE

图书在版编目（CIP）数据

产学研协同创新体系建设研究：以辽宁省高校为例 / 徐皓，赵强著 . — 北京：经济管理出版社，2023.4

ISBN 978-7-5096-8997-4

Ⅰ. ①产… Ⅱ. ①徐… ②赵… Ⅲ. ①高等学校 – 产学研一体化 – 创新管理 – 研究 – 辽宁 Ⅳ. ① G644

中国国家版本馆 CIP 数据核字（2023）第 067847 号

组稿编辑：杨国强
责任编辑：杨国强
责任印制：黄章平
责任校对：陈　颖

出版发行：经济管理出版社
（北京市海淀区北蜂窝 8 号中雅大厦 A 座 11 层 100038）
网　　址：www.E-mp.com.cn
电　　话：（010）51915602
印　　刷：唐山玺诚印务有限公司
经　　销：新华书店
开　　本：710mm × 1000mm/16
印　　张：9.5
字　　数：130 千字
版　　次：2023 年 4 月第 1 版　　2023 年 4 月第 1 次印刷
书　　号：ISBN 978-7-5096-8997-4
定　　价：98.00 元

目　录

第一章　产学研协同创新的新范式

当前，世界经济正转向以创新为驱动的经济发展模式，创新成为一些国家经济增长的主要因素。不论是发达国家，还是发展中国家，都已经意识到国家的整体创新能力将成为各国在国际竞争中的重要筹码。我国的“十三五”规划明确指出：实施创新驱动发展战略，把基点放在创新上，以科技创新为核心，以人才发展为支撑，推动科技创新与“大众创业，万众创新”的有机结合，塑造更多依靠创新驱动、更多发展先发优势的引领型发展模式。为了加速实现这一现代化建设目标，同时，解决我国 R&D 过程中存在的高投入、低产出，高损耗、低效率等问题，协同创新思想越来越被企业界和学术界所广泛关注，成为近年来的研究热点。协同创新即以企业、高校和科研院所为创新要素，在政府、中介机构、金融机构等协助下，通过协调合作、共同发展，实现了政产学研用一体化过程。以企业、高校和科研院所为创新主体，以协同创新思想为核心的发展模式，被称为产学研协同创新体系，其本质是以创新为目标的产学研合作。

目前，我国已经构建了比较完整的科学研究与技术创新系统，基本实现了产、学、研的良性互动，不断提高着我国的创新能力和创新效率。而进一步完善我国产学研协同创新体系，深入实施产学研协同创新的意义主要体现在三个方面：

（1）产学研协同创新体系使知识创新体系建设向纵深推进。提升高校和科研机构以知识增值为导向的基础研究水平，在市场作用下，用技术创新带动知识创新，实现技术研究和基础研究的平衡发展，促进各创新主体的长效合作。

（2）产学研协同创新体系是提高 R&D 成果转化率的重要手段。在产学研协同创新项目实施进程中，各种潜在风险都可能导致 R&D 成果转化率降低，而产学研协同创新的运行机制可以有效地解决这一问题，通过建立特定制度基础，减少创新过程中的不确定性，同时，明确创新活动边界，将产学研协同创新的实施风险掌握在可控范围内。

（3）产学研协同创新体系的深入实施，促进和支撑了国家经济高质量增长，能够加快实现我国以创新为驱动的经济发展战略。

在经济全球化和区域一体化的大背景下，为了加强我国的国际化创新能力，适应全球科技创新加速发展的态势，我国的产学研协同创新要做出重要转型。需要指出的是，产学研协同创新理论演化过程主要分为两个阶段：开放式创新和科技创新。开放式创新是协同创新的前身，而科技创新是协同创新所迫切需要实现的目标。

第一节　产学研协同创新理论演化

一、开放式创新：协同创新的前范式

20 世纪 60 年代，哈佛大学教授亨利·切萨布鲁夫（Henny Chesbrough）最早提出“开放式创新”的概念。开放式创新指企业在进行技术创新活动时，充分利用相互补充的内部及外部资源整合以实现创新。开放的本质是获取和利用外部资源进行创新，强调企业利用内外资源整合创新。在此开放式创新体系下，技术创新不再是单一的线性创新过程，而是具备了较为复杂的交互反馈系统，必须在与其他组织（高等院校、企业、科研机构、政府组织等）的相互作用中，在信息、知识的反馈中进行创新。一个组织具有很强的资源挖掘和资源整合能力时，可通过开放式创新整合全球创新资源，达到自身研究目标，提升创新能力，保持自身创

新优势地位。

当前，随着世界范围内科技加速发展，学科交叉和技术融合加快，新一轮科技创新革命已经兴起，传统的开放式创新已经不能满足科技创新迅速发展的趋势，只有在开放式创新模式的基础上做出转型，才能有效应对这一亟待解决的问题。因此，产学研协同创新成为了引领当代科技创新的新范式，使新兴技术和新兴产业逐渐成为引领未来发展的重要力量，科学研究、技术创新、产业发展一体化发展趋势也更加明显。

二、产学研协同创新：科技创新的新范式

为了适应新时代的需要，侧重于知识生产和科技创新的产学研协同创新理论正成为学术界的热点。协同创新是在开放式创新的基础上演变而来，其创新组织方式更复杂，创新体系更完备，关键是形成以大学、企业、科研机构为核心，在政府、中介组织、金融机构等辅助要素的作用下，形成了多元思想创新协同互动的网络创新模式，主要作用体现在两个方面。

（一）创建高效有序的对接模式

网络化的产学研协同创新的过程更为烦琐复杂，高校、企业及科研院所在信息资源共享和沟通合作方面更具有挑战性，而切实的产学研协同创新运行机制能有效促进各创新要素的良性互动。同时，在国家政策的推动下，不断提高我国在国际化创新竞争环境下的创新实力和创新效率。

（二）物尽其用的资源共享模式

各部门充分发挥各自能力优势，实现优势互补、互惠互利。高校和科研院所是进行基础研究的主体，目的是实现知识创新和知识增值；而企业是技术研究的主体，以市场为导向，通过大力研发高科技产品提高企业的经济效益。企业可利用高校和科研机构的基础研究优势，从创新

源头发掘并解决企业技术创新难的问题。同时，高校和科研机构可通过技术成果转化获取实际的经济效益，保障后续科研工作的顺利进行。

因此，当今的产学研协同创新是科技创新的新范式。本书所指的产学研协同创新是以高校为研究主体，与企业和科研院所以合作的方式，共同致力于特定问题研究，实现成果转化的创新行为。其本质是以创新为目标的产学研合作，获取互补性研究成果，进入新技术领域、开发新产品。

在科技经济全球化的环境下，美国、日本等发达国家大力推动产学研协同创新，通过大量实践证明：产学研协同创新是有效提高创新效率的重要途径。充分调动三类创新主体的积极性和创造性，跨学科、跨部门、跨行业组织实施深度合作和开放创新，对加快各领域的知识共享和技术成果转化具有重要意义。

第二节　产学研协同创新内涵

关于产学研协同创新的概念，“产”指企业；“学”指学校；“研”在我国指科研机构；“协同”在《辞海》里被解释为同心协力、互相配合；“协同创新”是各个创新主体通过合理的资源共享，在协作系统中无障碍交流，最终达到一个平衡稳定、高效创新的可持续化进程。在以上概念基础上，有学者提出了几个具有代表性的产学研协同创新内涵。

Bonaccorsi 和 Piccaluga（1994）认为，产学研合作的本质是知识的跨组织转移和学习管理，知识转移中的时间跨度和知识特性（专用性、缄默性、复杂性和普遍性）决定了产学研合作的组织结构和运行过程，合作项目所涉及知识的缄默性越高，双方更愿意采取非正式的协同方式（如非正式信息交换、人员交换、通过个人渠道进行信息交换）。

洪银兴（2015）在《产学研协同创新研究》一书中指出：产学研协

同创新是在科学新发现成为技术创新源头的背景下提出的。这种协同创新体现知识创新和技术创新的协同，是大学作为创新中心同企业作为创新主体的合作。这种协同不是简单的项目合作，而是共建创新平台的合作，是利益共同体。

陈劲（2014）指出，协同创新是各个创新要素的整合以及创新资源在系统内的无障碍流动。协同创新是以知识增值为核心，以企业、高校、科研院所、政府、教育部门为创新主体的价值创造过程。

参考和综合以上学者及其他学者专家的研究工作，本书认为，产学研协同创新是以知识创新为基础，以技术创新为导向，充分挖掘各创新主体中的优势人才和创新资源，实现从知识创新到技术创新的知识增值过程。

因此，产学研协同创新是一种更为复杂且完备的创新组织方式，在协同高校、科研院所和企业核心要素的同时，还需与政府、中介组织、创新平台等辅助要素建立多元主体协同互动的网络创新模式。

第三节　产学研协同创新理论价值

在理论上，对产学研协同创新体系的研究主要从系统论的角度研究运行机制、构成要素等，而随后众多学者对产学研协同创新体系进了全面的研究。经过 40 多年的发展，中国学者对于产学研协同创新体系进行了很多案例研究和实证研究，但对创新过程的分析还不够，对产学研协同创新项目的管理也缺少严谨有效的管理方案。通过对国内外近年来产学研协同和创新体系研究的梳理，我国产学研协同创新体系研究主要存在以下三个方面的不足：

（1）我国的产学研协同创新体系尚未形成一个内部统一、逻辑严密的理论体系。

（2）我国产学研协同创新项目实施过程中，缺少面向过程的新的研究方法和研究工具。

（3）我国的产学研协同创新体系建设仍不完善，对重点影响因素的研究力度还不够。

为此，本书主要从三个方面，对我国辽宁省产学研协同创新体系建设开展研究工作：

（1）辽宁省高校产学研协同创新主体要素情况分析；

（2）辽宁省高校产学研协同创新资源配置优化机制；

（3）建设辽宁省产学研协同创新体系的政策建议。

本章小结

第一，主要介绍了产学研协同创新理论的演化进程，在全球化科技创新的大背景下，促使我国传统开放式创新转型为当前的产学研协同创新。

第二，指出产学研协同创新的内涵，即以知识创新为基础，以技术创新为目标，充分发挥研究主体的研究优势，实现从知识创新到科技创新的知识增值过程。

第三，指出研究产学研协同创新的理论价值，分析和梳理产学研协同创新实现的过程和各个主体发挥的作用，为进一步构建产学研协同创新体系奠定基础。

第二章　产学研协同创新理论基础

产学研协同创新的管理体系是以稳固而持续的 R&D 经费和 R&D 人才投入为根基，以知识和技术的无障碍流动为主要内容，以提高区域创新能力和创新带来的经济效益为最终导向的开放式复杂创新网络管理体系。因而，辽宁省高校产学研协同创体系研究需要用到三个核心理论，即协同创新理论、现代项目管理理论和交易成本理论。

第一节　协同创新理论

协同创新理论是创新理论的最新发展阶段，其理论基础主要包括创新理论、技术创新进化论、开放式创新、协同设计和协同学。

最早提出“协同创新”一词的是美国麻省理工学院斯隆中心（MIT Sloan's Center for Collective Intelligence）研究员彼得·葛洛（Peter Gloor），他认为：“协同创新是由自我激励的人员所组成的网络小组形成集体愿景，借助网络交流思路、信息及工作状况，合作实现共同的目标。”彼得·葛洛所定义的协同创新是指团队或组织内部的协同创新，但是，随着世界科技的迅速发展，不同团队或组织之间的外部协同创新更为突出。因此，许多国内外学者对协同创新的概念做出了新的研究。

陈劲和阳银娟（2012）认为，协同创新是以知识增值为核心，企业、政府、知识生产机构（大学、研究机构）、中介机构和用户等为了实现重大科技创新而开展的大跨度整合的创新组织模式。

张明艳和孙晓飞（2013）在协同学和美国经济学家熊彼特的创新理论基础上，对“协同创新”做出如下定义：从经济学角度说，协同创新是以协同的方式将各个经济要素进行优化、有效组合，以促进创新从而促进经济社会的发展。

林雨洁和谢富纪（2013）根据协同理论，在研究基于协同创新理论的产业技术创新战略联盟伙伴选择时，提出协同创新指系统中各种要素，在构建、运作等过程中相互合作、协调和同步的创新。

苏屹（2013）研究了基于系统科学理论的视角，经过“自组织—耗散结构—协同演进”的分析过程，研究了协同创新理论，并从微观角度给出了协同创新理论的使用方法。但由于研究结论具有局限性，还需要进行更深入的研究。

以上学者的研究成果都基于多元合作主体的协同创新理论，其合作模式较内部合作复杂，其中最具有代表性的研究方向是“产学研协同创新”下的协同创新理论，它将初始的多元主体协同合作创新与现代化的开放式创新紧密结合，是合作主体同时进行内部和外部协同创新，是协同学理论应用于技术创新领域的成果。

第二节 现代项目管理理论

项目是一个组织为了实现自己既定的目标，在一定的时间、人员和资源约束条件下，所开展的一种具有一定独特性的一次性工作。项目管理概念在第二次世界大战后逐渐被正式地提出。现代项目管理一般被认为始于20世纪80年代，在全球化背景下，竞争越来越激烈，项目活动的范围越来越广，项目的程序越来越复杂。它与传统的项目管理具有很大的不同，而且发展十分迅速。

现代项目管理理论认为，任何项目都是由两个过程构成：项目的实现过程和项目的管理过程，它将整个项目的全部工作看作由一系列项目阶段构成的一个完整的项目生命周期。现代项目管理的阶段化过程管理如图 2-1 所示。

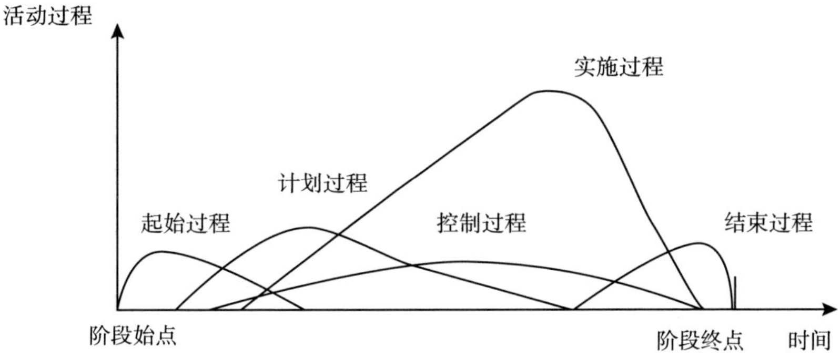

图 2-1 现代项目管理的阶段化过程管理

现代项目管理的主要目的是使项目按照项目的生命周期稳定运行，同时对项目进行动态协调控制，以达到项目的预期目标。由于在项目管理过程的各个阶段采用的管理技术不同，管理与技术的信息整合极大地影响着项目实施的效果。

根据项目的实施过程，可将项目的生命周期划分为四个阶段：需求识别阶段、制定方案阶段、实施阶段和结束阶段。现代项目管理的项目周期示意图如图 2-2 所示。

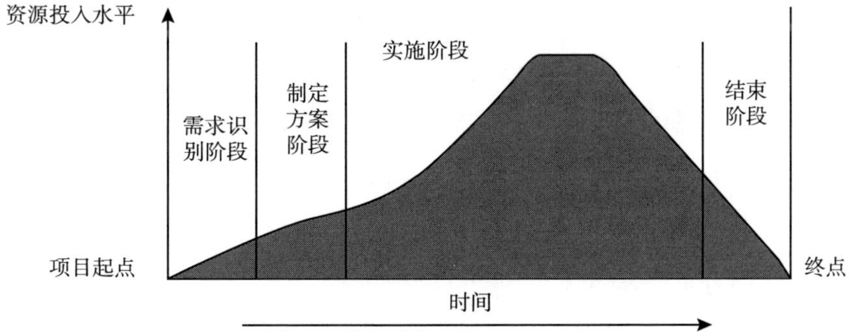

图 2-2 现代项目管理的项目周期示意图

综上所述，现代项目管理更侧重于科技创新领域的应用，采用现代化的科学技术对科技创新领域的项目进行高效管理。现代项目管理理论是世界各国进行国家创新体系建设的必然成果。本书主要借鉴了现代项目管理理论面向过程管理思想，控制产学研协同创新合作的实施进度及实施效果，提高产学研协同创新的经济效益与社会效益。

第三节　交易成本理论

交易成本（Transaction Cost）概念最早由英国诺贝尔经济学奖获得者罗纳德·科斯（Ronald H. Coase）在其《企业的性质》一文中首次提出。他认为“创建公司成为有利可图之事的主要原因在于：存在着利用价格机制的成本”，即交易成本。但他并没有就这一概念进行深入的探讨和研究，科斯的学生威廉姆森继承了这一概念并将其进一步发展和完善，从而使得交易成本在分析中能够得到更好的操作。

威廉姆森主要从三个方面，即人的因素、与特定交易有关的因素以及交易的市场环境进行分析。所谓交易成本（Transaction Cost），指在一定的社会关系中，人们自愿交往、彼此合作达成交易所支付的成本，也即人—人关系成本。它与一般的生产成本（人—自然界关系成本）是对应概念。从本质上说，有人类交往互换活动，就会有交易成本，它是人类社会生活中不可分割的组成部分。

在科斯的后来研究中，他指出：企业组织是有边界的，企业规模的大小取决于内部组织的交易成本与市场交易成本的比较。这些交易成本包括度量、界定和保障产权费用、执行交易的费用和监督违约、维护交易秩序的费用等。

可见，以上学者对交易成本理论研究的侧重点各有不同，但存在着一定的共性，即交易成本的实现者是人，方式是人与人进行交互活动，以降低人与人之间的合作成本（包括“发现相对价格的工作”、谈判、签约、激励、监督履约等费用）为最终目标。

第四节　数据包络分析法

数据包络分析（Data Envelopment Analysis，DEA）法由美国的Charnes、Cooper和Rhodes（1978）首次提出，它是在“相对效率评价”概念基础上发展起来的一种新的非参数技术效率分析方法，并命名为C^2R。该方法的基本思想起源于Farrell对生产率的研究，他指出，前人对决策单元生产率的研究工作没有综合考虑多种投入和多种产出，由此将生产率的概念扩展到了生产效率。Banker（1984）基于生产可能集规模收益可变假定，扩展了Charnes等的工作，提出了BC^2模型。

目前，DEA方法已经成为多投入多产出情况下决策单元相对有效性和规模收益等方面应用最为广泛的数理方法之一。它借鉴了计量经济学的边际效用理论和高等数学中的线性规划模型，通过界定是否位于“生产前沿面”比较各决策单元间的相对效率和规模收益，显示最优值。其突出优点是：所需指标少，具有较高的灵敏度和可靠性，可以对无法价格化甚至难以轻易确定权重的指标进行分析，可使用各个指标的原始数据，不必统一单位，大大简化了测量过程，保证了信息的完整性，也避免了人为确定权重的影响。DEA可以对具有多投入指标和多产出指标的相同类型的决策单元进行评估比较。上述优点使DEA在各个领域得到广泛应用。

我国众多学者在DEA的研究和发展上取得了显著成果。魏权龄（1987）所著的《评价相对有效性的DEA方法》对于国内普及和推广DEA方法起到了积极而重要的作用。近年来，国内学者关于DEA方法的研究和应用日益增多，并取得了多方面的成果。

成刚开发的MaxDEA计算软件对推进我国对数据包络分析法的理论

研究和应用做出了十分重要的贡献。

由于 DEA 具有适用范围广、原理相对简单的特点，DEA 现已成为管理科学与系统科学工程领域一种重要而有效的分析工具。

本章小结

本章主要介绍了产学研协同创新过程中的三个重要理论，分别是：协同创新理论、项目管理理论和交易成本理论。协同创新理论，主要是使各创新主体高效合作、共同研发，实现以收获创新成果、满足各方利益的目标；项目管理理论主要应用在产学研协同创新项目的前、中、后三个时期，实现产学研协同创新项目的科学化管理；交易成本理论主要从主体合作边界出发，降低交易环节费用。

综合运用以上三个基础理论，对解决辽宁省高校产学研协同创新过程中存在的主要问题和辽宁省高校产学研协同创新体系建设具有重要意义。

第三章　国内外产学研协同创新比较分析

第一节　美国产学研协同创新案例分析

美国是世界上科技最为发达的国家之一，它建立了世界上第一个真正意义上的产学研联盟，在产学研协同创新领域的研究和发展一直领先于其他国家。例如，以高新技术产业享誉世界的“硅谷”，其产学研协同创新发展历史悠久、经验丰富，研究其产学研协同创新的先进经验对辽宁省高校开展产学研协同创新具有非常重要的借鉴意义。

本书以美国最著名的两个高新科技园区：“波士顿 128 号公路”和“硅谷”为研究案例，研究其整体合作环境、合作背景以及重要的合作技术手段，综合分析美国产学研协同创新的影响因素。

一、波士顿 128 号公路模式的形成和成功因素

128 号公路距波士顿市区约 16 千米，呈半圆形环绕着波士顿，建于 1951 年，全长 90 千米。从 20 世纪 50 年代开始到 70 年代初，沿公路两侧新建了上千家研究和开发机构，这就是著名的波士顿 128 号公路科学工业园区。该园区经历了两次发展高潮：第一个高潮期是 1955~1971 年。在此落户的企业从 39 家增长到 385 家，它们所从事的科技研发，涉及电子、仪器设备、交通工具等。1971 年后，园区经济遭受影响，失业人数剧增，失业率在 1975 年达到 11%。20 世纪 70 年代中期以后，园区经济开始好转，出现了第二个高潮期（1975~1980 年）。该园区所属的马萨诸塞州的电子企业也增加了 50%，大约有 900 家电子公司云集在 128 号公

路旁，另有800家计算机企业兴起。128号公路园区借助于计算机产业和原有的电子产业，获得了更大的发展，形成了从波士顿到坎布里奇的高新技术综合区。但是，从20世纪80年代后期开始，由于该园区的高新技术与国防工业太过密切，随着“冷战”结束，“星球大战计划缩减”，马萨诸塞州高技术综合体在过去的奇迹不再重现。1988~1991年，高技术企业解雇了60000名职工。进入20世纪90年代，该园区虽然有新的生长苗头，但由于激烈的竞争，园区发展仍面临严重的挑战。

需要指出的是，在波士顿128号公路高技术园区成功的道路上，位于波士顿的麻省理工学院作为128号公路创造发明的摇篮，有着突出的贡献。波士顿地区已有350年的文化教育历史，但原有的高等教育或为宗教界及政府培养牧师和官员，或偏重于纯科学，很少面向工业界。而麻省理工学院首任校长罗杰斯则远见卓识地提出，麻省理工学院应该成为“科学与实践并重的学校”“我们为了在学校培养的学生达到出类拔萃的水平，不仅要培养他们的科学知识，同时要使他们懂得实践。由于他们是科学家，他们还应能更好地运用科学以扩展实践的知识”。

罗杰斯的这些正确主张为该校近百年来历任校长和师生们所继承及发扬。既注重基础科学研究，又重视实践应用，使麻省理工学院为美国工业的起飞、军事的强盛和经济的发展做出了不可磨灭的贡献。特别是作为该地区最有学术声望、科学技术最先进的研究型大学，它通过产学研合作对128号公路高技术园区的建设起到了发明创造的摇篮作用。可以这样说，没有麻省理工学院，就不会有128号公路高技术园区的形成和发展。

麻省理工学院的领先思想和开放政策，鼓励搞工程的教职员要同本地区的公司挂钩，为它们提供技术咨询服务，而且鼓励他们自己主动创办公司。在这种思想的长期影响下，据不完全统计，在128号公路地区，仅20世纪60年代就有175家新公司是由从前MIT4个研究系和3个工程系的专职教工开办的，其中，80% 的公司经过 5 年的锻炼存活下来，使 MIT 成为新技术公司的裂变源和新企业家的摇篮。国防投资也为 R&D 提供大量资金，推动 128 号公路高技术园区的形成和发展。

二、“硅谷”——斯坦福大学技术转让模式

斯坦福大学位于加利福尼亚州旧金山南部的硅谷，地处圣克拉拉县境内。20 世纪 50 年代，圣克拉拉县是水果之乡，基本上没有工业。在斯坦福研究园的影响下，经过 50 年的发展，硅谷已成为世界上最大的微电子工业中心。最初这里叫作“西海岸的电子工业”，1971 年美国《微电子新闻》周刊将此地正式称为“硅谷”，从此“硅谷”扬名世界。在这 50 年的时间里，“硅谷”在科学技术的研究与开发上，走出了一条不平凡的道路：20 世纪 50 年代是一般电子技术和半导体技术；20 世纪 60 年代是集成电路；20 世纪 70 年代是微电子计算机；20 世纪 80 年代是集成电路和计算机产业继续发展；20 世纪 90 年代开始向生物技术、环保技术发展；目前发展最快的两个领域是软件和工程与管理行业。

硅谷的崛起与斯坦福研究园的兴建密不可分。1951 年斯坦福大学创建的“斯坦福研究园”，是美国最早的科技工业园，它位于旧金山以南 32 英里，处于硅谷地区北部的帕洛阿尔托。主要的研究与开发领域涉及电子、航空与宇航、制药和化学等高新技术部门。1955 年，有 7 家公司设在研究园。1960 年，园内的公司发展到 32 家，1970 年增加到 70 家，截至 2013 年底该研究园已有 90 家公司，雇员达 27000 余人。斯坦福研究园由斯坦福大学负责管理，一般的管理和经营政策由大学托管委员会制定。园内企业与大学有着密切的联系，如共同举办研讨会、大学在若干研究领域可以使用研究园的设备等。据估计，每年约有 500 名毕业生可以直接参与研究园的工作，从研究园得到收入。

研究园的建立不仅增加了斯坦福大学的经费收入，而且还由于它的

成功发展促进了整个地区经济的繁荣，影响了美国西海岸高新技术的发展速度，并为全球最大的电子工业基地“硅谷”奇迹般地崛起奠定了基础。特别需要指出的是，以斯坦福研究园为依托发展起来的硅谷，作为第一个科技工业园区，它为美国乃至整个世界科技工业园区的发展树立了典范。

美国“硅谷”的崛起，在很大程度上依托斯坦福大学提供的智力资源和人才资源，“硅谷”也被誉为企业的天堂，斯坦福大学产学研创新成效显著，究其原因，主要有以下几点：

第一，深谙基础研究对于相关领域高新技术研发的重要作用。因此，积极发展独立的研究机构和实验室，不断开拓学科领域的研究，走在科学研究的前沿，甚至成为世界垮学科领域的领袖。

第二，成立斯坦福大学技术许可办公室（OTL）。将技术转移到企业，该模式与麻省理工学院的全球工业联盟办公室异曲同工。

第三，完善的收益分配机制。许可协议签订，获得收益后，纯收入被分为3份，其中，1/3给发明者，1/3给发明者所在的系，1/3给发明者所在的学院；对于股票的分配，15%分给技术许可办公室用以弥补日常管理经费，剩下股份中的1/3给发明者，其余归斯坦福管理公司管理。

技术转移是创新型大学将科学研究造福人类的关键环节。斯坦福大学认为，技术转移是知识和发现从大学到公众的位移，它不仅仅是大学内部的问题，同时还需要外部系统的支撑。

（一）技术的供给与需求保障

斯坦福大学非常看重其科学技术的应用价值和市场前景，它的大部分技术成果都属于尖端——应用技术。斯坦福大学的许多科学研究都是既紧紧盯住科学技术前沿，做尖端的、一流的科学研究，又涉及世界范围内在当前或未来一段时间的热点及难点科研领域，所产生的成果能够引领技术和市场的潮流，这决定了斯坦福大学技术的应用价值和市场前景。

（二）技术转移的制度保障

《拜杜法案》从法律角度对技术转移做出明确要求；同时，斯坦福大学单独制定了一套包括专利的披露和版权范围、所有权和版税分享、企业赞助和政府基金资助的成果等方面详尽的技术转移政策体系。规范严谨的制度不仅促进技术转移的高效有序，而且其偏向中小企业创业的政策设计，更有利于调动创业者的热情，保护中小企业的利益，从而激发美国新经济的活力。

（三）技术转移的资金保障

斯坦福大学的创业型企业实现技术转移是一个典型的资本集中的过程，只有具备良好的投资与融资系统的支持，创业者才能成功地实现其技术的商业化。

（四）技术转移的运营保障

大学里设立专门的技术管理机构——技术许可办公室（OTL），其专业精干的管理团队，以及在组织和制度层面上设计的一套科学细致的工作流程，使得 OTL 的管理非常完善和精细。

总体来说，美国成功实施产学研协同创新的影响因素主要分为内、外两个方面：内部因素——美国强大的野心推崇，使企业家不断寻找新的经济来源，研究型高校利用经济水平较高的工业发展区，通过与其合作开发新产品、新技术，以获得充足的科研经费，两者互利互补、平衡发展；外部因素——国家面临经济发展转型的重大问题，联邦政府及时发现科技创新对国家经济发展的重要影响，鼓励大学与科研机构和企业合作，并在资金和国家政策上给予相应的支持。

三、北卡三角研究园的建设

所谓“三角”，指北卡罗来纳州三座城市和三所著名的大学，即达勒姆市的杜克大学、查玻尔希尔的北卡罗来纳大学查玻尔希尔分校和位于北卡罗来纳州首府罗利市的北卡罗来纳州立大学。这个大三角研究园东西 120 英里，南北 40 英里。狭义的“三角研究园”，指南北长 8 英里、东西宽 2 英里的专门的高新技术开发区，由于它正好处于上述三角形中，故以“三角”命名。广义的高新技术三角园区，指在三个城市之间的整个区域，即由附近 13 个县组成的“三角地区联合体”。

第二次世界大战刚结束时，北卡罗来纳州是个经济不发达的州，其主要经济来源靠烟草、纺织品和家具制造业，居民收入在全美平均线以下。首府罗利市当时还是个不足 7 万人的小镇，而且是全美国唯一没有通州际高速公路的州府。1952 年，北卡罗来纳大学社会科学研究所创始人霍华德·奥德姆提出了应该利用当地大学的人才和科研优势促进经济发展的设想。经过 4 年多的酝酿后，一些企业界和学术界人士在 1956 年成立了一个私营公司，在三所大学之间的地带购买了 5000 英亩的土地，这就是今天的“三角研究园”的雏形。但到了 1958 年，公司仍没有什么大的发展，这使园区开发者认识到，光有一个想法和一块空地是远远不够的，要主动营造一种良好的投资环境，加强产学研合作。在他们的倡议下，由北卡罗来纳州政府出面组建园区，在三角地带划出土地，以每平方英尺 50 美分的特别优惠价供园区使用，并于 1959 年 1 月 9 日正式开园。

经过多年的建设，“三角研究园区”已经取得了骄人的成绩。它集中了科研和生产优势，吸引了一批像 IBM、爱立信、杜邦等大公司和美国环境与健康研究所等国家级的研究所。“三角研究园”同时带动了整个附近地区的经济发展。1985~1997 年，“罗利—达勒姆—查玻尔希尔”这个三角地带吸引投资总额高居全美第一，1994 年新创造产值 350 亿美元，占整个北卡州的 21%，并被评为全球十大居住环境最佳的地区之一。截至 2016 年底，三角研究园区已发展成为美国规模最大科研性园区，入驻公司超过 260 家，拥有近 5 万个高技术就业岗位，诞生了约 3300 项专利。这不但使三角研究园区同美国西海岸的硅谷和东北部波士顿 128 号公路高技术园区齐名，而且使之成为整个北卡罗来纳州与外部世界交往最著名的商标之一。

用其基金会总顾问的话概述，三角园区成功的因素，即“以大学的研究力量为依托，以政府的支持为坚强后盾，剩下的就是坚持不懈的努力了”。从中不难看出，这个地理上具体的三角形只是个简单的外在因素，在三角研究园区发展和成功的背后还有一个抽象的三角关系，那就是“大学—企业—政府”间相互关联、互动互补的三边关系。因此，“一个有形的三角 + 一个无形的三角 = 一个成功的范例”。

四、哥伦比亚大学产学研合作的成功经验

近几年来，哥伦比亚大学坚持教育为经济服务的宗旨，与企业联手，将一批批科研成果转化为产品，为社会创造了巨大财富，同时给学校带来了丰厚的科研经费和收入。目前，美国有 4000 多所高校，其中 120 多所属于研究型大学。在强手如林、竞争激烈的今天，哥伦比亚大学技术转让创收之所以能在全美高校独占鳌头，其成功秘诀有诸多因素。

（一）建立“创新企业”，加强学校科研与企业的联系

哥伦比亚大学“创新企业”始于 1994 年，其前身“科技发展办公室”是全美高校中从事技术转让较早组建的机构之一。当时，该机构主要负责技术转让，或与企业签订科研合作项目。1994 年，在时任副校长迈克尔·克劳的倡议下，该机构进行了重组，改名为“创新企业”，直属校长办公室，由一名副校长主管。“创新企业”除继续履行原有职责外，还负责学校知识产权的评估、申请与保护，协助技术发明人寻找风险投资公司和管理人才，创办高技术公司，提供技术咨询服务，发布新技术发明成果，吸引风险投资公司、大企业前来合作开发。“创新企业”现有 24 名专职人员，由三部分人员组成，即科学家、工商管理人才和律师，

他们中绝大多数已获得工商管理硕士学位或专业博士学位。有些人曾在大公司、企业从事过商品营销、专利保护等工作，有些人还拥有自己的技术专利，具有丰富的实践经验，这一切都为“创新企业”的发展打下了良好的基础。“创新企业”总裁杰克认为，“创新企业”管理人员的优良素质是该企业成功的关键。他认为：高技术转让工作非同一般，对管理人员要求甚高，这是因为高新技术从研制到开发需要相当长的时间，一般需要 5~8 年。

管理人员须具有识别新技术的慧眼，了解新技术的潜在市场。如果他们对此缺乏认识，学校就会错失良机，蒙受经济损失。科技管理人员除掌握专业知识外，还须具备较强的社会活动能力，这是因为学校科研人员一般不太懂专利转让、产品营销等商业活动。而企业缺乏对学校科研活动的了解，这就需要科技管理人员树立起高度的服务意识，为学校科研和产业部门牵线搭桥，当好科技开发的中间人。由于“创新企业”管理人员，实行考试录用、高薪聘请、业绩考评等制度，近几年来，哥伦比亚大学在美国高校技术转让方面成绩斐然，令兄弟院校刮目相看。

（二）重视技术发明人的经济利益，有力地调动了科研人员的积极性

1982 年，联邦政府为了鼓励高校更好地为地方经济服务，颁布了著名的“贝都法案”。根据此法案，高校使用联邦政府科研经费所研制的技术成果，其专利属于大学，不再归联邦政府所有。学校也有权将新技术转让给公司、企业，所得收入由大学支配，不再上缴联邦政府。此项法案有力地调动了高校广大科技人员的积极性，推动了高等院校新技术的研制与开发。“贝都法案”出台后，哥伦比亚大学尽管在技术转让方面也制定了一些鼓励性政策，但因未处理好个人、院系与大学三者的利益关系，多年来新技术转让工作未见起色，远远落后于加州大学、麻省理工

学院等著名院校。

1994年，副校长迈克尔·克劳推选了若干名院、系主任，组建了学校科研开发领导小组，重新修订了有关科研开发条例，充分考虑了技术发明人的切身利益，使其受惠更多。例如，校方规定：凡技术转让所得收入在10万美元以下，技术发明人可从中获得50%的收入，大学得25%，剩余的25%由院、系对半分配，如技术转让所得收入逾10万美元，校方在分配其中10万美元时，技术发明人仍获得50%的收入，超额部分由大学、院、系和发明人各按25%比例分成。由于校方较好地处理了个人与集体的关系，科研人员积极性得以充分发挥，高新技术这块“蛋糕”越做越大，高新技术转化为生产力的步伐也随之加快。自1994年以来，哥伦比亚大学利用技术转让或公司分红所得收入，陆续组建了四个跨学科研究中心，即材料、环保、生物医学与多媒体技术研究中心。

（三）鼓励师生以技术专利入股，创办高技术公司

据美国“考夫曼企业家领袖中心”发布的一份研究报告，美国因经济势头强劲，每12个美国人中就有1个人有意愿创办企业。在这样的大环境下，哥伦比亚大学自1977年开始就鼓励师生利用技术专利“入股”，创办了多家高技术公司，并拥有多项高技术专利，主要开发医药、电子、计算机软件等产品。一般来说，新组建的公司由三方人员组成，即技术发明人（大学）、风险投资公司和经营管理人员，三者以“参股”的方式分享利润。例如，光电科技公司分享利润时，40%归公司经营者，40%属风险投资公司，20%归大学。然而，在这20%的利润中，13%分配给技术发明人和院系，剩余的7%上缴校方。

哥伦比亚大学机电系马启元认为，哥伦比亚大学组建新公司的做法，值得国内借鉴。学校以技术专利“入股”，拥有公司一定比例的股份，学校不需投入一分钱，无须承担任何经济风险，而由风险投资公司或大企

业注入全部资金去开发产品。如公司盈利，学校则按股份比例分享利润。一旦公司倒闭或亏损，学校不会因此遭受牵连，更不会因公司经济纠纷而牵累校方领导，避免了目前国内校办产业“产权不明”的弊端。

（四）鼓励学科渗透，加速出科研成果步伐

自 1994 年以来，哥伦比亚大学用学校技术转让或公司分红所得收入，陆续组建了四个跨学科研究中心，即材料、环保、生物医学与多媒体技术，其目的是通过自然学科与社会、人文学科间的渗透、交叉，激发科学家的思想火花，创造新理论，为学校应用研究与基础研究注入活力，加快出科研成果的速度。目前，此项举措已初见成效。例如，多媒体技术中心聚集了信息技术、新闻、教育、医学等系的骨干教师，共同研制网络虚拟教学软件，其多项专利转让给几家教学公司，从中获得了丰厚的收入。据统计，哥伦比亚大学自 1996 年以来，平均每年有上百项技术发明，300~400 名科研人员获得国家级奖励。2017 年 9 月 1 日，普林斯顿大学华裔科学家钱卓领导的一个研究小组宣布，已成功地通过基因移植培养出聪明的老鼠，这与其在哥伦比亚大学跨学科生物医学中心做博士后期间长期潜心研究是分不开的。

此外，学校为科技开发创造了良好的工作环境。为加速科技成果转化，哥伦比亚大学向纽约市政府借贷巨款，在学校附近创立了“高科技孵化站”，低价出租给高科技公司。学校对于科研活动也采取一些鼓励性政策。如大学从技术转让或公司股份中所得的收入，均返还于学校科研活动，主要支持青年学者从事科研创新活动，重点资助交叉学科研究，此款不得挪作他用（如搞房地产开发或炒股等商业活动）。对于长期从事技术转让工作的教师，校方允许其停薪留职，到公司、企业从事科技开发。在教学安排上，允许部分教授雇用其他教师为之代课，使其抽出更多时间从事科技开发活动。此外，还允许研究生保留学籍，到公司工作 1~2 年，积累实际经验后，再返校攻读学位课程。

第二节　英国产学研协同创新案例分析

“剑桥现象”在我国科技界和高教界是一个比较熟悉的词汇，不仅因为它令人联想到剑桥大学，而且因为它描述的是英国剑桥市及其周围高科技的发展。一个面积不过数英里，居民只有 10 万人，驱车半小时就可以游遍的小城，竟然聚集着 1200 多个高科技企业，其贸易额每年高达 40 亿英镑，使该地区成为欧洲最为璀璨夺目的高科技聚集区。

“剑桥现象”的形成，在于剑桥大学有世界领先的教育与科研机构。而剑桥大学之所以成为剑桥高科技的龙头，就在于它充分发挥自身的智力与人才优势，成功而及时地将自己的科技创新与研究成果应用、开发、转移，使其在企业开花结果，实现产业化。

剑桥大学科技转让的成功实践，对国家和当地社会做出了重大贡献：

首先，它使剑桥市的国内生产总值保持了 20 年的持续增长。英国的整体科研水平在国际上名列前茅，经济结构中，中等以上高科技产业的比例仅次于德国、美国和日本，位列世界第四，其中剑桥大学及剑桥高科技区做出了突出贡献。

其次，在推动社会经济发展的同时，也给剑桥大学自身带来了两大好处：一是经济效益，2014 年，剑桥大学的科研收入为 3.7 亿英镑，占总收入的 25%，是学校的最大收入来源；二是营造了学校教学和科研的勃勃生机与强劲的发展势头，促进了教研人员的专业发展和毕业生就业。

剑桥大学成功实践，进一步提高了自己的社会地位，不仅更容易从企业和各类基金吸纳资金，也引起了英国政府的高度重视。英国政府为维持和加强本国科研在世界上的领先地位，拨出专款，支持剑桥大学和美国麻省理工学院从 1999 年 11 月 8 日开始建立全面的合作与交流关系。整个项目投入 8400 万英镑，其中英国政府投入 6800 万英镑，其余的由企业赞助。不要美国出一分钱，自己掏腰包帮助对方搞研究，英国政府此举看似不智，实则高瞻远瞩。与麻省理工学院的合作，必将提升剑桥大学在高科技领域的国际竞争能力，并对英国的科技进步注入新的活力。

基础研究的成果往往并不直接转化为生产力，只有通过进一步的研究、开发并使其成为具体的技术成果，运用于社会生产中，才能转化为现实的生产力。科技成果的转化需要适当的环节，在科技成果的输出者和接受者之间有适当的渠道和方式，这种转化才有可能实现。剑桥大学科技成果的转化主要表现在两个方面：一是科研成果的商品化；二是在教学、科研领域建立和发展与产业界广泛的合作交流。

一、科研成果商品化

（一）专利转让

任何专利的权利人，包括个人、课题组或院系，都可以自主转让所拥有的专利。剑桥大学成立了沃夫森产业联络办公室，为转让的各方提供咨询和技术服务。1998 年，通过该办公室进行知识产权转让的总收入超过 100 万英镑。

剑桥大学鼓励本校知识产权的转让，对与学校应该分成的那部分收入，制定了“抓大放小”的分配政策。根据所得（纯收入）数额，在发明者、所在系和大学三方之间按如下比例分配：1 万英镑以下，发明者 90%、系 5%、大学 5%；1 万 ~3 万英镑以下，发明者 70%、系 15%、大学 15%；3 万 ~5 万英镑部分，发明者 50%、系 25%、大学 25%；超过 5 万英镑部分，发明者 33.3%、系 33.3%、大学 33.3%。

（二）创办、衍生产业公司

剑桥大学成立了“剑桥大学技术服务有限公司”。该公司具有独立法人地位，主要任务是代表剑桥大学同产业界进行贸易洽谈、签订协议，以剑桥大学的科技成果为投入取得股份。它利用产业公司的金融优势和知名度，成立上市公司，发行股票，为成果转化筹集更多资金。

剑桥大学的许多个人或院系，利用自身的科研优势，围绕自己的新发明、新技术成立产业公司，进行产品的研究与开发，但一般不涉及生产销售。主要形式是技术或专利为资本成立“植入公司”，即以本地或英国为基地、由多家参股的上市公司。

大学科技成果的商品化，导致大量高科技公司围绕一项或数项科研成果而产生和发展，这种现象为“衍生”。衍生公司一般为小型、中小型高科技公司，通过非正式的个人关系形成。在一个高科技集聚区内，一些公司倒闭或合并往往伴随着另一些公司的产生和发展。剑桥大学衍生公司的数目处于这种动态，但目前分布在剑桥及其周围地区的1000多家高科技公司中，多数都与剑桥大学有着不同形式和层次的联系。

（三）兴办科技园

兴办科技园作为高新技术研究与开发的基地，使之在科研成果到生产技术再到商品的过程中发挥孵化、催化作用，是促进科研成果转化为现实生产力的有效途径。1971年，剑桥大学率先建立了英国第一个科技园——剑桥科学园，揭开了英国科技园运动的序幕。1987年，建立了剑桥地区第二个科技园——圣约翰创新中心，从而对剑桥高科技集聚区的形成起到了关键的推动作用，并主导着其发展。

二、与产业界保持广泛联系

在实现自身科技成果商品化的同时，与产业界在教学和科研领域保持广泛的联系，这些联系包括：

（1）联合培养本科生和研究生，如产业界人士到学校讲座、授课，学生到公司实习、兼职等。

（2）教研人员为产业提供咨询服务、讲学或应聘参加企业的专家委员会。

（3）设立由产业支付薪金和提供研究资金的科研岗位。

（4）接受产业委托的科研任务，签订研究合同，取得合同收入或科研赞助等形式的经济回报。

（5）申请和参与英国政府及欧盟旨在加强科研与产业联系的各种计划和实施项目。

（6）同大跨国公司或集团合作，联合建立研究所、实验室等科研机构。如与美国微软公司合作建立了“微软研究实验室”，与日本日立公司合作建立“日立剑桥实验室”，与英国石油公司合作建立“BP 研究所”，与 AT&T 合作建立了“AT&T 剑桥实验室”等。著名的医学慈善机构维尔康基金会也在剑桥建立了研究中心，进行生物医学药品的研究与开发。

（7）与剑桥大学建立长期合作与交流关系的大公司、集团还有很多，包括惠普、东芝、数码科技、菲利普、太阳、格兰素、诺基亚等。

尽管剑桥大学进行科技成果转化的形式多样，但大多数都有一些共性，即具有转让活跃、效益可观的特点。

2014 年，剑桥大学年度收入 23 亿美元，其中，科研收入 3.7 亿英镑；来自政府的拨款额为 1.79 亿英镑，较上年减少 500 万英镑；附属企业收入占学校收入的比例较大，其考试委员会和出版社收入占学校收入的 40%。

与显性的、能量化的专利等知识产权的转让相比，剑桥大学有更多的科技转让是隐性的、不易量化的。而成功的科技转让往往是显性、易于量化的因素（如产品、工艺、材料及其改进的技术方案）与隐性、不易量化的因素（如知识、经验和技能）的完美结合。从这个意义上讲，剑桥大学科技转让的实际规模要大于数字的反映。与产业界建立广泛联系的意义，要大于或至少不少于签订技术转让合同和创办产业公司。可以认为，大学和产业间长期稳定的合作与交流关系，本身就是一种科技转让。

三、面向社会需求，以我为主

在剑桥大学与产业界众多的联系中，提供科技知识的科研一方一直掌握着双方合作内容与方向的主导权。研究和开发什么，决定于基础科研的发展程度，而不是单纯被动地接受企业提出的科研任务，即“定单炒菜”似的合作关系。通俗地讲，就是科技成果的卖方市场。

剑桥大学的多数学科在国际上处于领先地位。它们的研究发展方向往往处于科技发展的潮头，其研究成果的应用具有促进某个产业跨越发展的潜力，甚至导致新兴产业的创立。产业界对此很清楚，所以非常希望和剑桥建立合作与交流关系而不惜投入巨资。一些知名产业公司，甚至对某一篇科研论文也会投入巨资予以支持。他们看中的是该论文所展示的创新前景，而不是等待其中期成果或最终产品。剑桥大学对此也有清醒的认识，保持学术研究的自由和自主性，从而保证自身学科的领先地位和对产业深入持久的先导作用，是其上上下下的共识。为此，剑桥大学之前拒绝了一家国际大军火商以巨资买断某些学科若干年知识产权的要求。同样，著名的微软公司曾向剑桥大学数学系提出合作建议，条件是买断其 5 年内的知识产权，也被该系拒绝。

四、以思想领先，凭智力入股

剑桥大学有一个响亮的口号：剑桥思想改变世界。思想领先是剑桥科技成果转化中非常显著的特征。所谓思想，是指开创性的初期成果，即有一定实验基础的前期性科研成果。以这种思想入股，与产业界合作进行研究与开发，获得经济收益，中期开发与后期生产留给企业，这是剑桥大学科技成果转让中发生最多的情形。

一部分系和科研人员凭借本系或自己的科研成果，创办产业公司。在这个过程中，科研者除参与产品的研究和开发外，也承担相关的管理、经营工作，而一旦产品及市场粗具规模，便会脱离具体的管理和经营，回到研究中，只担任技术角色，如技术顾问、技术总裁等。

第三节　日本国立大学的产学研合作

过去由于制度的限制，日本国立大学与民间企业极难开展合作。日本国立大学（含国立高等专门学校和大学共同利用机构）具有较高的科研水平和技术创新潜力，而社会各界对产学研抱有极大的期望。为了更好地促进大学科研成果产业化，加强产学研的合作，在日本政府的鼓励下，国立大学经过多年的实践，逐步形成了多样的合作方式。

一、共同研究制度

1983 年后，国立大学的研究人员可以就共同的课题开展合作研究，将国立大学的研究能力和企业的技术能力结合起来，创造出优秀的研究成果。共同研究制度这种新的方式实施以来，产学研各方关心和参与的程度与日俱增，合作项目逐年增加。该制度规定，共同研究所产生的发明及专利为国立大学和企业所共有，包括共同申请的专利在内，凡与此共同研究有关的国家专利，合作企业可在一定期限内优先使用。

二、委托研究制度

委托研究制度这种形式指企业和政府部门委托国立大学进行某项研究。接受委托的国立大学使用企业等部门提供的经费开展研究，向企业等部门提供科研成果，以此协助民间企业等部门的研究开发。该制度下所取得的专利是作为国家专利，但委托者可在一定期限内优先使用。同时，根据《日本研究交流促进法》有关规定，可以在国家所有部分不低于 1/2 的范围内转让给委托者。

三、委托研究员制度

委托研究员制度这种形式指民间企业的技术人员和研究人员到国立大学及大学共同利用机构，接受研究生水平的研究指导，以把握最新的研究动态。通过提高研究素质和研究能力，以便能在企业未来的研发互动中发挥更大的作用。

四、教育捐赠的财会制度

日本国立大学属于国家机构，在收支等财政方面，国家制定了严格的法律规定。而有关教育捐赠的财务规定，则为国立大学收纳企业和个人的捐赠、有效开展学术研究活动起到了极为重要的作用。这项制度的具体运作程序是，大学将所得捐赠全部上缴国库，国家再划拨与捐赠等额的资金返还给大学。国家委托大学对资金进行会计管理，受赠大学可以根据捐赠者的意愿灵活使用，或开展学术活动，或创建研究机构，或开设专门讲座，用途不限，十分广泛。

五、共同研究中心

为了进一步推动与地方企业的合作，从 1987 年开始，日本的一些国立大学相继建立起“共同研究”中心。中心作为大学与产业界合作的窗口，既是共同研究的场所，又是企业技术人员接受培训的课堂。2001 年，日本全国 43 个都道府县，已有 52 所国立大学设立了“共同研究中心”。此外，还有 27 所国立大学设立了“研究协力”课，以更好地协调处理有关产学研合作的行政事务。

第四节 国内典型的产学研协同创新案例——清华科技园

中关村是我国第一个国家级高新技术产业开发区，被誉为“中国的硅谷”，不仅聚集了联想、百度等为代表的高新技术企业近 2 万家，还拥有以清华大学、北京大学、中国人民大学等为代表的 41 所高等院校。其中，坐落于北京中关村科技园区的清华科技园，是中国唯一的 A 类大学科技园。作为清华大学服务社会的平台，近年来，清华大学不断与各地方政府合作，并建立分园及创新基地，分享其丰富管理经营经验和资源，这不仅为我国的产学研协同创新发展做出巨大贡献，也展露出清华科技园强劲的国际竞争实力。

因此，本书主要介绍我国高校中产学研协同创新发展最好且最具有代表性的案例：清华大学。根据刘琼等（2016）在《清华大学产学研协同创新活动分析》一文中的研究：清华大学产学研协同创新活动异常活跃，合作主体多元化，合作形式多样；内部知识流动和外部环境是影响产学研协同创新活动的重要因素。

从内部知识流动看，清华大学的产学研合作主要产生于清华大学的重点学科、重点实验室；清华大学为企业提供人才培养服务，为企业输送高科技人才，共同促进协同创新链的持久发展。从外部环境看，清华大学的协同创新活动主要受国家政策的宏观影响和市场需求的影响；清华科技园在世界各地广泛开展合作，其合作主体的地域、规模和类型、产业发展、地理位置等在合作资源整合过程中是重要的影响因素。

研究产学研协同创新项目的成功经验时，清华科技园作为清华大学开展产学研协同创新的典型模式，其贡献也最为突出，在创新为驱动的科技发展战略的时代背景下，清华科技园的发展战略对辽宁省实施产学研协同创新具有重要的启示作用，主要可总结为：国际化战略、支持平台战略和辐射战略。

国际化战略：转移国外的先进技术，孵化国外的中小企业，引进跨国公司的研发机构；鼓励、支持、帮助园区的企业走向世界。

支持平台战略：硬件环境的建设和软环境的建设。硬环境指主园的空间环境建设；软环境的建设将需更多的力量来营造。

辐射战略包括两层含义：一层是人才、技术、成果、产业的辐射，形成一个网络构架，有机地把国际化和国内连在一起；另一层是做辐射园区，在地方合作建园。例如，清华科技园—沈阳启迪科技园·沈阳孵化中心是由沈阳市大东区人民政府和启迪科技园联合共建。它借鉴了清华科技园在科技园区建设、管理、经营的模式和经验，充分发挥和利用了大东区人民政府的经济实力，促进了清华科技园的创新事业和大东区及沈阳市科技、经济与社会的全面发展。

1996 年 12 月 21 日，深圳市政府与清华大学签署合作建立深圳清华大学研究院协议书。按照协议规定：深圳市政府出资 6000 万元，外加高新技术产业园区的 1.6 万平方米土地的使用权；清华大学出资 2000 万元，建设深圳清华大学研究院办公大楼。合作期限 30 年，深圳市和清华大学各占资产的 50%。同时，市校各派代表组成理事会，作为研究院的最高决策、领导机构。

深圳清华大学研究院（以下简称“清华研究院”）作为以企业化方式运作的事业单位。市校双方希望以此作为连接大学和社会的纽带、沟通科技与经济的桥梁，实现优势互补，借此能够探索出一套促进科技成果转化、培育高新技术产业的新机制。这批机制的运行主要是依靠市场，而不是依靠政府的优惠政策，目标是推出一大批拥有自主知识产权、面向市场的科技成果，扶持高科技创业企业的发展，培养高层次创新创业人才。

清华研究院经过十几年的探索，逐步形成“科技创新孵化器”的经营发展模式，建立了完善的产学研相融合的科技创新孵化体系。

清华研究院科技创新孵化体系，由清华研究院系统内多家成员单位构成协同网络，主要包括深圳清华大学研究院、清华大学深圳研究生院、深圳力合创业投资有限公司、深圳清研创业投资有限公司、东莞深圳清华大学研究院创新中心、深圳力合信息港投资发展有限公司、珠海清华科技园创业投资有限公司、佛山南海国凯投资有限公司、深圳力合金融控股股份有限公司、深圳清华国际技术转移中心等。

清华研究院科技创新孵化体系的各成员单位分工协作，通过股权关系、直属管理形成一个可控、有限的体系。成员单位间不仅仅有着归属于清华研究院这个“领头羊”的股权和纽带关系，也不单单是成员单位间的合作，而是你中有我、我中有你的深度融合。

孵化体系聚集了产业链所需的人才、技术、资金、载体四大要素，以研发平台、园区基地、投资孵化、科技金融、国际合作和人才培养六大功能板块作为支撑，全方位孵化成果、项目、企业、人才，从无到有，从小到大，适时退出，循环往复。

清华研究院整个体系形成了涵盖领域广泛、研发实力雄厚的科技平台。深圳清华大学研究院和清华大学深圳研究生院的研发平台共同构成体系的技术支撑，实现资源共享，优势互补。整个平台的规模包括：5个国家重点实验室（中心）分室、3个省部级实验室、21个深圳市重点实验室、12个市工程实验室、5个科技创新公共技术服务平台，成为华南地区产业技术研发的重要力量。

仅以清华研究院为例，先后投入6亿元，依据珠三角地区及国内外科技、产业发展趋势和企业需求组建研发平台，重点建设了宽带无线通信研究所、电子信息技术研究所、新材料与生物医药研究所、光机电与先进制造研究所、新能源与环保技术研究所。研究方向不仅涵盖无线通信、电子信息、光机电等传统高科技领域，而且包括新材料、生物医药、新能源、节能环保等战略性新兴产业。

依托清华研究院的研发平台，在各级政府的科技研发资金支持下，培育了一批国家、广东省和深圳市重点实验室、工程实验室以及公共服务平台。其中，国家级重点实验室深圳分室 4 个、广东省重点实验室 1 个、深圳市重点实验室 9 个、深圳市工程实验室 7 个、深圳市公共服务平台 3 个。

这些平台不但进行应用研究，还致力于在应用研究中提炼科学问题，通过解决科学问题支撑技术攻关。例如，清华研究院作为新型科研机构，联合 8 所大学及院所，承担了国家 973 计划项目“高性能 LED 制造与装备中的关键基础问题”，常务副院长刘岩成为 973 项目首席科学家。该项目通过从 LED 产业链的关键环节入手，瞄准产业链上游、中游、下游中包括 HVPE、MOCDV、封装、散热、可靠性等关键制造设备及工艺，凝练科学问题，力求取得一批理论创新成果和包括六类原型机的技术装备成果，解决面向 220 流明每瓦（lm/W）高性能、高可靠 LED 制造与装备的关键问题，同时培养一批本领域的科学创新人才，为我国 LED 制造跨越式发展提供科学和技术的强有力支撑。

在以“面向企业服务的公共研发平台定位、面向市场需求的研发平台建设思路”为基本理念的指导下，清华研究院的科研平台建设不仅依靠自身的大力投入和财政资金的支持，还吸纳了社会资本参与科研平台的建设，先后与 200 多家企业合作，共同建立研发中心或者签订技术合同。目前，共建设与企业联合的研发中心 19 个。

另外，研究院作为推动科技成果转化的产学研平台，建设了科技部中小企业技术服务中心 1 个，广东省产学研示范基地 1 个、高技术产业化示范工程 1 个、国家体育产业发展基地 1 个、发起成立各类产学研创新联盟 7 个。

丰硕的科研成果。整个平台承担国家级、省部级、市区级纵向科研项目 696 项，累计经费 12.3 亿元；累计承担包含孵化企业的横向科研课题 1520 项，累计经费 4.12 亿元。研究院申请专利 1111 项，获得授权 470 项。组织实施了单晶蓝宝石纤维、高端半导体激光器、盐碱地治理改造、数字电视与多媒体、石英晶体力敏传感器、红外快速体温检测仪、电力线载波通信芯片、环境保护、储能器件、家电控制器等 300 多项科技成果转化。研究院获得国家级奖励 7 项，省部级奖励 60 项，其中，获国家技术发明一等奖 1 项、国家技术发明二等奖 5 项。

投资孵化平台。此外，清华研究院先后于 1999 年和 2004 年成立了深圳力合创业投资公司和深圳清研创业投资有限公司。整个投资平台创办和投资了 180 多家高科技企业，目前控股及参股企业达 150 家。先后发起、投资、孵化了力合股份、拓邦电子、安泰科技、和而泰、达实智能、数码视讯、海兰信、铁汉生态、茂硕电源、赛轮股份等 18 家中小板、创业板和新三板上市的公司。

投资孵化基金。清华研究院的投资平台除直接投资以外，还作为基金管理人参与成立和受托管理基金。力合创投负责的基金包括：直接投资并管理基金 6 只，受托管理基金 1 只。基金总规模超过 30 亿元。

基于技术与资本结合的成功经验，清华研究院致力于金融助力的科技成果转化，借力于科技特色的金融体制创新，强化科技与金融的结合，在前海发起设立了力合金融控股股份有限公司，形成了以科技担保公司、科技小贷公司、融资租赁公司为核心的金融产业链，以力合金控为核心构建综合服务平台，完全的市场化运作。

深圳力合金融控股股份有限公司于 2013 年 6 月注册于深圳市前海，实到资本 3.5 亿元。力合金控依托研究院的产学研优势，依靠专业的金融管理团队和科技专家团队，以服务中小微科技企业的融资和投资为主线，主要开展融资担保、小额贷款、融资租赁等业务。

力合金控在短短的一年时间里，已成为清华研究院科技创新孵化体系中科技金融板块的核心支撑力量。力合金控获得行业界认可，已成为深圳市科技金融联盟成员，深圳市中小企业信用再担保中心会员单位，深圳市信用担保同业公会常务副会长单位。

力合金控与多家银行开展合作，包括国开行、建行、浦发、招行等银行，获得授信额度超过 12 亿元。2013 年，担保发生额为 2.5 亿元，全年共完成担保业务 33 笔，其中，银行融资担保的企业中 61% 为科技型中小微企业。

此外，清华研究院立足深圳，辐射珠三角，不断拓展园区基地，形成了一系列高新产业园区和服务机构，已建总面积达 70 万平方米。这些园区基地的建设，为清华研究院科技创新孵化体系的建设提供了广阔的发展空间。

目前已在广东省建成深圳清华信息港、清华科技园（珠海）、力合（佛山）科技园、东莞创新中心。同时正大力建设力合（顺德）科技园和力合清溪科技园。

一、深圳清华信息港

深圳清华信息港作为深圳清华大学研究院首个建设完成的园区，是研究院重要的高科技产业孵化基地之一，由深圳力合信息港投资发展有限公司负责运营和管理。

深圳清华信息港占地 4 万多平方米，建筑面积 13.8 万多平方米。自 2003 年 10 月开园以来，已孵化 300 余家企业，其中，电子信息类和软件开发类企业约占入驻企业的 94%。依托清华大学强大的人才、智力、科技优势及深圳市政府的系列政策支持，深圳清华信息港将在研发、孵化、推广高新技术成果、培养高级技术管理人才、承担深圳重大研究及工程项目、学术交流、资产评估、创业投资、实业投资、投资管理等领域，打造持续快速发展、高效益、高回报的典范；力创亚洲领先、世界一流、主题突出、设计先进、布局合理、服务完善的高科技信息产业基地，切实为深圳高新技术企业的发展提供技术帮助和各种支持。

二、清华科技园（珠海）

清华科技园（珠海）是清华大学和珠海市政府于2000年合作共建的大学科技园。依托清华体系的科技、人才优势，形成了产学研资深度融合的科技创新孵化体系。清华科技园（珠海）资源配置和对接情况如图3–1所示。

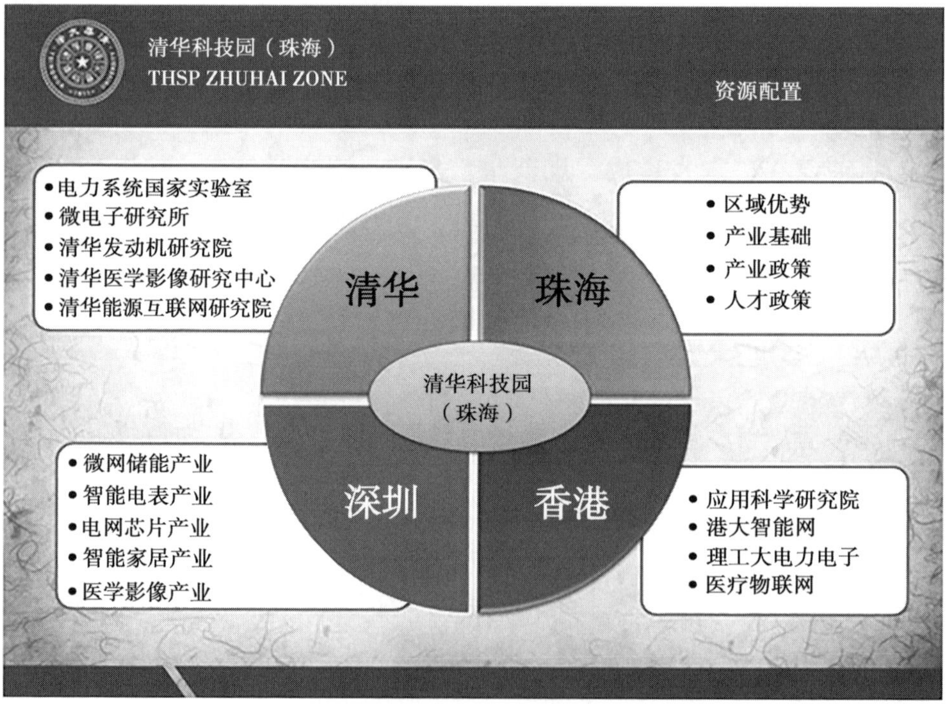

图3–1　清华科技园（珠海）资源配置

作为国家级科技企业孵化器，珠海清华科技园以一个基地（湾区西岸新兴产业创新基地）、两个提高（提高科技成果转化率，提高创新创业成功率）、三个融合（技术、资本、人才相融合）、四项服务（孵化服务、投融资服务、科技服务、产业服务）为发展定位，通过一个载体加一个平台的体系支撑，构建以众创空间、孵化器、加速器、产业园的全链条培育体系。逐步形成以半导体芯片设计制造与应用研究所、机器人与车辆自动驾驶研究所等六大公共技术平台为支撑，以电子信息、生命健康、航空航天（军民融合）及新材料等战略性新兴产业为主导的园区产业体系。

园区规划建筑面积 48 万平方米，总投资 18 亿元，已投入运营 29 万平方米。园区累计孵化企业 600 多家，培育高新技术企业 100 多家；公司投资参股企业 35 家，已有 11 个项目实现挂牌及上市。目前，园区企业 172 家，其中，高新技术企业 68 家，留学生企业 23 家，投资孵化的新三板及科创板企业 8 家，珠海市独角兽种子企业 12 家，珠海市创新创业团队 7 家，院士 5 名。

2014 年，园区获“广东省首家加速器试点单位”的认定；2015 年初，以创新孵化体系获“广东省科学技术特等奖”；2016 年，科技园升级为“国家级科技企业孵化器”；2017~2019 年，被评为广东省科技企业优秀（A 级）孵化器及优秀（A 级）众创空间，同时连续 5 年获得科技部火炬中心（A 级）国家级科技企业孵化器。

三、力合（佛山）科技园

力合（佛山）科技园地处佛山高新区核心区，是深圳清华大学研究院在佛山精心打造的国际化科技创新园区，力合科创在佛山建立的国际化科技创新孵化基地、科技成果转化基地。园区占地约 300 亩，依 200 亩水库环湖而建，建筑面积 32 万平方米。首期 14 万平方米创新载体 2015 年初投入使用，二期 18 万平方米创新载体 2021 年 10 月投入使用。科技园坐享南海大学城人文环境与生态环境，交通网络四通八达，教育资源、商业配套一应俱全。

科技园以打造国际一流、国内领先的集产、学、研、资一体的国际化创新科技园区为目标，依托深圳清华大学研究院和力合科创集团成熟的科技创新孵化体系和成功经验，在佛山市建立起与本地产业紧密结合的科技创新孵化体系，构建出“众创空间 + 孵化器 + 加速器 / 跨境加速 + 产业园”全链条孵化服务载体。

科技园致力于建设产学研资深度融合的创新孵化体系，建立了国家级孵化器、国家级众创空间、国际技术转移中心、南海商学院等创新创业服务平台；设立并聚集了中国工程院院士工作站、清华大学深圳研究生院力合智能制造研究中心、佛山中国发明成果转化研究院、广东国防科技工业技术成果产业化应用推广中心等一批创新平台；设立了创业投资基金等 4 个风险投资机构。

围绕国家创新驱动发展战略，科技园聚集了一批新材料、高端装备、节能环保、电子信息等国家重点支持的战略性新兴产业项目。目前，科技园引进和孵化的在园企业共 300 多家，其中高新技术企业 32 家，引进和培育了省市区创新创业团队项目超 30 个，其中包括“广东省珠江人才”团队项目 2 个，均在科技园实现产业化。科技园已建成省市等各级工程技术中心 15 个，入孵企业累计申请专利近千项。通过孵化器种子资金、创业投资基金等投资平台，科技园累计完成对创业项目的投资额 4 亿多元，完成投资项目 30 多个。

科技园是国际科技园协会（IASP）的成员单位，科技服务体系获得了国家重点建设项目（双创类）、国家级高新技术企业（科技服务类）、国家级孵化器、国家级众创空间、财政部中小企业专项资金支持（高端人才引领型）；2015 年，深圳清华大学研究院“产学研深度融合的科技创新孵化体系建设”项目荣获广东省科学技术奖特等奖的获奖成员单位；清华校友创新创业基地、清华大学学生社会实践实习基地；2019 年，获得粤港澳优秀孵化器特等奖，是广东省小型微型企业创业创新示范基地，国家级孵化器省市区各级绩效评价 A 级（优秀）；2019 年，获得佛山市科技成果转化平台、佛山市高校科技成果中试平台、佛山市高校科技成果转化孵化基地认定；2020 年，获第三届中国孵化器 TOP 评选“金蛋奖”、国家级科技企业孵化器评价优秀（A 级）、广东省高校科技成果转化孵化基地、中国微米纳米技术学会（佛山力合）科技服务站等。

四、清华东莞创新中心

东莞深圳清华大学研究院创新中心（以下简称“清华东莞创新中心”）是根据清华大学与东莞市人民政府签署的全面合作协议精神，由东莞市人民政府与深圳清华大学研究院于 2013 年 5 月共建、以企业化方式运作的事业单位。该创新中心依托清华研究院的科技创新孵化体系及运作经验，促进清华大学及国内外的科研成果在东莞产业化；利用清华大学在全球的国际技术转移网络，引进国际领军人才、科技创业团队落户东莞，将具有一定先进性、成熟度高的科技项目及公司转移到东莞，帮助东莞本地企业走出国门开拓国际市场，引进国际高端品牌、技术和产品，开展多渠道、宽领域、全方位的科技创新孵化活动。

研究院坚持走国际化的道路，搭建了广泛的国际和国内技术转移网络。在海外，分别设立了北美中心、欧洲中心、俄罗斯中心和德国中心。国内与海外互为支撑，以此形成了“一部四中心”的国际合作网络。

（一）北美创新中心

北美创新中心于 2010 年 1 月成立于美国硅谷，并在洛杉矶设立办事处。中心致力于引进创新创业人才与高科技项目，投资、孵化初创企业，成为海外人员日常交流、合作发展和回国创业的中心。2010 年，北美创新中心被深圳市评为特区 30 周年的十大创新工程。北美中心与广东省深圳市、佛山市、东莞市等多个城市建立了长期合作关系，通过在北美组织地方政策宣讲和招才引智、招商引资活动，吸引高层次的科技创业项目和团队回国创业。自创立以来，北美中心共引进回国创业团队30多个，投资项目5个，在北美组织海外人才交流活动30多场。作为清华企业家协会硅谷天使基金合伙人，共同投资近30个初创团队。

（二）俄罗斯创新中心

俄罗斯创新中心成立于2012年12月。俄罗斯创新中心成立以来，已经和俄罗斯著名高等院校、科研院所、高科技企业建立了良好的互动合作关系，如俄罗斯纳米集团公司、鲍曼国立技术大学、俄罗斯科学园声学研究所、俄中友谊科技园等。收集筛选了近200项科技合作项目，向研究院旗下的各单位推荐了其中的几十项。

研究院已经先后与莫斯科财政工业大学、俄中友谊科技园以及国际信息技术制造商和专家联盟等俄罗斯著名技术转移机构签订全面合作协议。

（三）欧洲创新中心

深圳清华大学研究院欧洲创新中心于2011年在英国牛津成立。作为深圳清华大学研究院国际化板块的一个重要支点，欧洲中心致力于建立中欧国际技术和产业转移平台并提供专业化的服务。欧洲中心广泛与欧洲技术转移生态圈建立了多层次的合作，取得了显著成效。成立以来，欧洲中心共筛选了来自欧洲多个国家不同领域的高科技项目超过180项，对接欧洲高科技公司超过50家。除与中国企业合作进行技术和产业转移外，欧洲中心还积极为各地政府提供专业化的国际化服务，如研究院、佛山高新区以及牛津大学的技术商业化公司科技创新三方共同建立区域性合作载体“佛山国际技术转移中心”，为佛山高新区机器产业集群提供国际创新服务。

第五节　国内外高校产学研协同创新对比分析

一、国内外高校科研水平对比分析

通过国内外产学研协同创新项目的对比分析，发现参与产学研合作项目的高校普遍是研究型的重点院校，其科研水平和创新能力远高于普通院校，这种强有力的优势为产学研协作顺利高效开展打下了良好根基。

国内外高校世界排名和科研能力对比分析

大学排名是根据各项科学研究和教学等标准，以英文发表研究报告和学术论文，针对相关大学在数据、报告、成就、声望等方面进行数量化评鉴，再通过加权后形成的排序。

中国共有223所高校入围USNews2020世界大学排行榜，相比上年增加了62所高校。其中，内地高校188所，香港高校7所，澳门高校2所，台湾高校26所。相较2019年，中国高校整体排名有所进步。2020年，清华大学排名全球36位，相比上年进步14位，居内地高校第一。北京大学紧随其后，排名全球第59位，相比上年也进步了9位。清华和北大是仅有的2所入围全球前100名的内地高校。

除清华和北大外，中国内地还有5所大学进入全球200强，分别是中国科学技术大学（128名）、上海交通大学（136名）、浙江大学（157名）、南京大学（168名）、复旦大学（171名）。其余排名靠前的高校还包括中山大学、华中科技大学、哈尔滨工业大学、同济大学、武汉大学、东南大学、北京师范大学、厦门大学、华南理工大学、湖南大学。

中国香港共有7所高校上榜，排名最高的是香港大学，居全球100位。中国澳门共有2所高校上榜，其中澳门大学居全球575位，澳门科技大学居全球1044位。中国台湾共有26所高校上榜，其中排名最高的是台湾大学，排名全球 186 位，相比上年下降 20 位。

2020 年的 USNews 排名中，美国高校依然占据绝对优势。

哈佛大学、麻省理工学院和斯坦福大学依然位居前三，与上年保持一致。排名第四到第十的高校分别是加州大学伯克利分校、牛津大学、加州理工学院、哥伦比亚大学、普林斯顿大学、剑桥大学、华盛顿大学。

TOP50 高校中，美国高校共有 29 所，占比达到 58%，英国高校共有 6 所，澳大利亚和加拿大各有 3 所，这些国家上榜的高校较多。中国仅有 1 所入围 TOP50，相比美国和英国还有很大差距。

辽宁省共有 4 所高校入围，分别是大连理工大学（444 名）、东北大学（755 名）、渤海大学（860 名）和辽宁大学。

USNews 世界大学排名主要指标如下：全球研究声誉占 12.5%；地区性研究声誉占 12.5%；发表论文占 10%；出版书籍占 2.5%；学术会议占 2.5%；标准化引用影响占 10%；总被引用次数占 7.5%；高频被引文献数量（在引用最多文献的前 10%）占 12.5%；高频被引文献百分比（在引用最多文献的前 10%）占 10%；国际合作占 10%；高频被引文献数量（在各自领域被引次数最多的前 1%）占 5%；高频被引文献百分比（在各自领域被引次数最多的前 1%）占 5%。

本书摘取了 2015 年最新世界大学科研能力排名，并选取三个重要指标，分别是 ESI 收录论文数排行榜、总被引次数排行榜和高被引的论文数排行榜，如表 3–1~ 表 3–3 所示。

表 3–1　ESI 收录论文数排行榜

排名	中文名称	国别 / 区域	评分
1	哈佛大学	USA	100.00
2	多伦多大学	Canada	92.58
3	东京大学	Japan	90.81
25	浙江大学	China	86.49

续表

排名	中文名称	国别 / 区域	评分
40	清华大学	China	85.48
48	北京大学	China	84.93

表 3–2　总被引次数排行榜

排名	中文名称	国别 / 区域	评分
1	哈佛大学	USA	100.00
2	约翰·霍普斯金大学	USA	88.40
3	多伦多大学	Canada	88.03
18	伦敦帝国学院	UK	84.05
19	东京大学	Japan	84.00
33	哥本哈根大学	Denmark	80.65
34	索邦巴黎西岱联合大学	France	80.58
38	乌德勒支大学	Netherlands	80.20
39	卡洛琳斯卡大学	Sweden	80.20
43	荷语天主教鲁汶大学	Belgium	79.53
46	慕尼黑大学	Germany	79.03
49	苏黎世联邦理工学院	Switzerland	78.88
50	墨尔本大学	Australia	78.85

表 3–3　高被引的论文数排行榜

排名	中文名称	国别 / 区域	评分
1	哈佛大学	USA	100.00
2	华盛顿大学（西雅图）	USA	86.18
3	斯坦福大学	USA	83.37
8	多伦多大学	Canada	76.12
9	牛津大学	UK	75.77
28	东京大学	Japan	67.93
41	墨尔本大学	Australia	64.28

续表

排名	中文名称	国别 / 区域	评分
42	哥本哈根大学	Denmark	63.82
48	新加坡国立大学	Singapore	62.86
49	昆士兰大学	Australia	62.31
50	阿姆斯特丹大学	Netherlands	61.63

2019 年全国高校高被引论文数量排名 TOP 100（各学科汇总）如表 3-4 所示。

表 3-4 全国高校高被引论文数量排名 TOP100（各学科汇总）

排名	学校名称	被引次数	论文数	全国排名
1	清华大学	123826	743	2
2	北京大学	82845	522	1
3	浙江大学	76257	529	5
4	复旦大学	75158	405	4
5	中国科学技术大学	67501	431	15
6	南京大学	51640	312	8
7	上海交通大学	47777	397	7
8	南开大学	43901	233	16
9	苏州大学	41639	281	49
10	哈尔滨工业大学	38932	365	19
11	中山大学	38107	276	10
12	华中科技大学	36881	360	12
13	华南理工大学	35637	330	30
14	武汉理工大学	34101	195	40
15	武汉大学	31562	284	9
16	厦门大学	31155	223	22
17	东南大学	27343	267	24
18	福州大学	26805	159	73
19	湖南大学	26308	310	32

续表

排名	学校名称	被引次数	论文数	全国排名
20	华东理工大学	25688	156	48
21	吉林大学	25619	166	11
22	大连理工大学	24500	195	31
23	天津大学	23981	210	13
24	山东大学	21588	163	20
25	西安交通大学	20888	227	18
26	北京理工大学	20632	183	29
27	四川大学	19187	198	14
28	中国地质大学（武汉）	17239	151	55
29	中南大学	16439	324	20
30	同济大学	15875	165	23
31	兰州大学	15317	124	35
32	北京师范大学	15279	130	17
33	北京航空航天大学	15204	168	25
34	北京科技大学	14259	121	42
35	中国农业大学	13058	116	34
36	南京理工大学	13034	103	50
37	上海大学	12787	110	59
38	哈尔滨工程大学	12787	69	63
39	北京化工大学	12764	123	77
40	东华大学	11742	90	68
41	华东师范大学	11284	103	28
42	华中师范大学	11181	66	36
43	南京航空航天大学	11181	100	57
44	东北师范大学	10341	74	52
45	南京信息工程大学	9289	96	160
46	西北工业大学	9049	176	27

续表

排名	学校名称	被引次数	论文数	全国排名
47	重庆大学	8450	111	33
48	江苏大学	8391	107	88
49	海军军医大学	7946	48	—
50	电子科技大学	7909	141	37
51	江南大学	7742	102	76
52	西南大学	7364	95	38
53	南京农业大学	7290	85	47
54	南京工业大学	7172	73	103
55	辽宁工业大学	6852	60	372
56	西安电子科技大学	6766	86	51
57	南京医科大学	6648	66	138
58	南京邮电大学	6463	60	123
59	中国石油大学（华东）	6370	126	78
60	华北电力大学	6277	115	118
61	东北大学	6135	80	26
62	华中农业大学	6061	74	43
63	郑州大学	6042	76	46
64	青岛大学	5974	77	152
65	南京师范大学	5086	57	53
66	中国矿业大学	5018	109	74
67	暨南大学	5012	42	61
68	西北农林科技大学	4917	67	56
69	渤海大学	4727	60	313
70	浙江工业大学	4690	52	85
71	浙江师范大学	4580	50	87
72	广东工业大学	4355	48	116
73	北京交通大学	4238	70	44

续表

排名	学校名称	被引次数	论文数	全国排名
74	华南农业大学	4115	38	79
75	合肥工业大学	3995	53	62
76	温州医科大学	3951	18	178
77	西北大学	3936	45	45
78	中国人民大学	3908	21	5
79	南华大学	3877	7	267
80	黑龙江大学	3853	34	107
81	济南大学	3796	56	193
82	深圳大学	3795	59	86
83	陕西师范大学	3781	57	65
84	湘潭大学	3776	44	121
85	安徽工业大学	3701	29	273
86	南昌大学	3522	45	64
87	燕山大学	3492	49	80
88	陆军军医大学	3456	29	—
89	山西大学	3450	34	97
90	空军军医大学	3418	29	—
91	浙江理工大学	3411	27	163
92	北京邮电大学	3241	57	58
93	首都医科大学	3234	27	108
94	华南师范大学	3195	27	66
95	宁波大学	3086	39	82
96	上海师范大学	3056	29	111
97	北京工业大学	3021	42	92
98	天津医科大学	2986	23	145
99	西华师范大学	2918	39	333
100	湖南工业大学	2757	26	339

可以看出，虽然近年来我国一直致力于发展和提高高校科研水平和实力，但存在明显分布不均的情况：美国高校以哈佛大学为代表（见表 3–1），其科研论文发表数量仍然处于世界领先地位，加拿大的多伦多大学和日本的东京大学分别位列第二、第三名；而在国际上被收录论文排名前 50 的高校中，中国仅有浙江大学（第 25 名）、清华大学（第 40 名）和北京大学（第 48 名）这 3 所入榜且排名均靠后；此外，在收录的论文中（见表 3–2），我国高校没有进入论文总被引次数排名和高被引论文排名的前 50 名，足以见得，我国在产学研的基础研究阶段仍有较大的发展空间，需要解决我国高校科研能力在国际排名两极化的现象，最终使我国高校科研能力保持长期可持续性发展。

专利发明数量代表了我国的自主研发能力，高校的专利发明数量直接体现了高校的基础研究能力。在国际发明专利排名前 50 的高校中有中国高校 17 所（见表 3–5），且入榜的高校均为我国一流的研究型院校，这代表了我国高校发明专利的能力在国际上的优势地位。

表 3–5　发明专利数排行榜

排名	中文名称	国别 / 区域	评分
1	东京大学	USA	100.00
2	延世大学	South Korea	95.49
3	加利福尼亚大学	USA	93.01
5	浙江大学	China	83.96
11	清华大学	China	73.77
15	东南大学	China	67.04
21	上海交通大学	China	61.15
22	哈尔滨工业大学	China	60.93
26	天津大学	China	55.33

续表

排名	中文名称	国别 / 区域	评分
31	北京工业大学	China	51.55
33	江南大学	China	51.22
34	浙江工业大学	China	50.78
36	江苏大学	China	49.75
41	山东大学	China	47.73
42	中国科学技术大学	China	47.60
43	浙江理工大学	China	47.53
44	华中科技大学	China	47.12
45	东华大学	China	47.03
46	吉林大学	China	47.01
48	西安交通大学	China	46.93

1. 我国高校的科研成果数量正逐年稳步上升

从我国高校的科研活动角度分析，高等学校发表SCI论文的数量也在稳步增长，发明专利申请量和授权量增长显著，如图 3–2~ 图 3–4 所示。

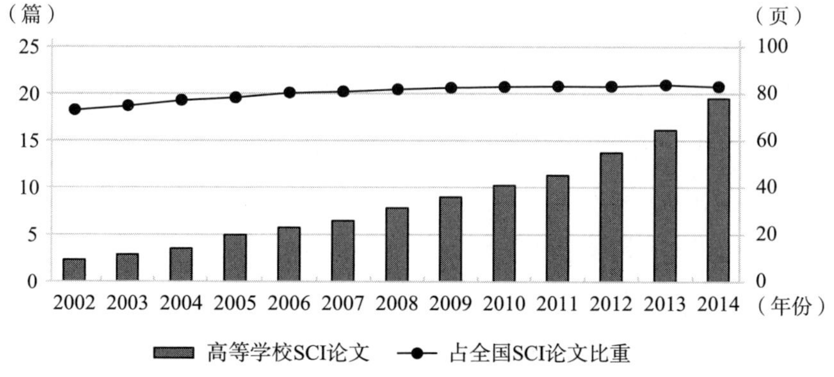

图 3–2　高等学校 SCI 论文及其占全国 SCI 论文的比重（2002~2014 年）

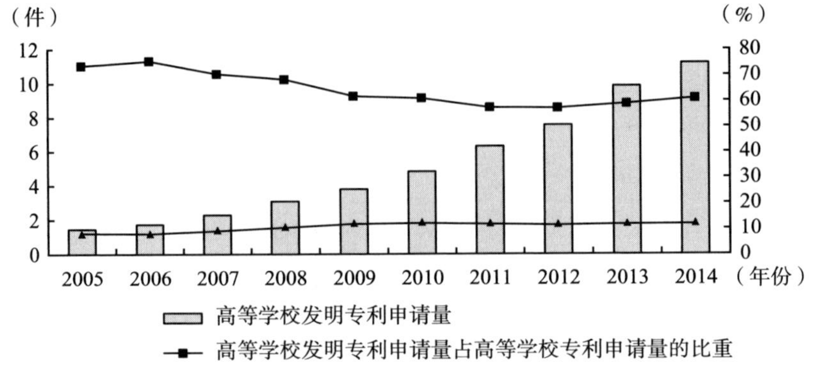

图 3-3　高等学校发明专利申请情况（2005~2014 年）

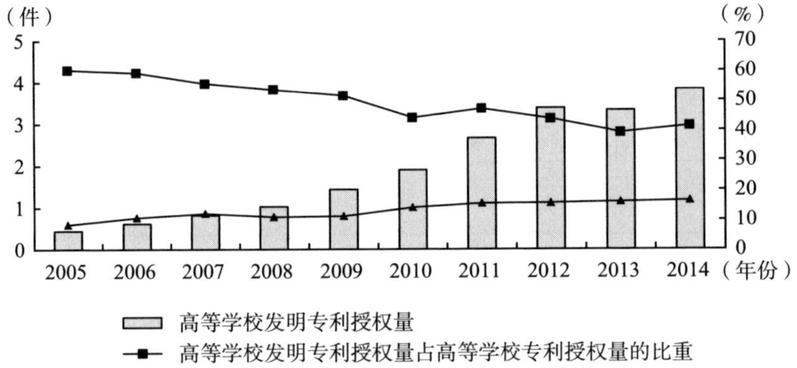

图 3-4　高等学校发明专利授权情况（2005~2014 年）

2014 年，高等学校专利申请量达 18.4 万件，比上年增长 9.7%。其中，发明专利申请量为 11.2 万件，比上年增长 13.7%。高等学校发明专利申请量占高等学校专利申请量的比重为 60.9%，比上年提高 2.1%。高等学校发明专利申请量占全国发明专利申请量的比重自 2009 年以来一直在 12% 左右，2014 年为 12.1%。

2014 年，高等学校专利授权量为 9.2 万件，比上年增长 8.8%。其中，发明专利授权量为 3.8 万件，比上年增长 15%。2014 年，高等学校发明专利授权量占高等学校全部专利授权量的比重为 41.5%，比上年提升了 2.3%；高等学校发明专利授权量占全国发明专利授权量的比重为 16.4%，继续保持了自2006年以来的稳步提升态势。

2. 我国高校在我国的科技活动的重要地位

2006~2013年全国高等学校获国家三大科技奖情况见表3–6，国家自然科学奖、国际技术发明奖和国家科技进步奖的60%以上均由高校所得，其获全国授奖项目占比一直很高，充分体现了高校获取自主知识产权的重大原始创新成果的能力，也稳固了高校在我国产学研协同创新发展项目中举足轻重的位置。

表3–6　全国高等学校获国家三大科技奖情况

年份	国家自然科学奖			国家技术发明奖			国家科技进步奖		
	全国数（个）	高校数（个）	高校占比（%）	全国数（个）	高校数（个）	高校占比（%）	全国数（个）	高校数（个）	高校占比（%）
2006	29	15	51.72	41	25	60.98	184	108	58.70
2007	39	26	66.67	39	27	69.23	192	114	59.38
2008	34	16	47.06	37	30	81.08	182	119	65.38
2009	28	16	57.14	39	31	79.49	222	151	68.02
2010	30	21	70.00	33	25	75.76	214	152	71.03
2011	36	23	63.90	41	29	70.70	218	162	74.30
2012	41	24	58.50	63	45	71.40	162	114	70.40
2013	54	36	66.67	55	38	69.09	137	95	69.34
合计	291	177	60.82	389	250	64.27	1511	1015	67.17

二、国内外高校科研经费投入水平对比分析

大学与其他科研机构相比，拥有开展科学研究的先天优势，可通过教学、科研和社会服务三项职能将知识的生产、传播和应用有机结合在一起，是国家开展创新驱动发展战略的核心力量。因此，除高校自主开展科学研究外，政府以及企业对高校科研的重视度将直接影响国家以及区域实施产学研协同创新项目的效果。评价重视度的指标为：高校科研

经费的投入水平和政府政策。

从2000~2009年美国联邦政府对高校科研经费投入情况看（见表3-7），美国联邦政府一直向高校投入大量的科研经费，以推动美国创新科技的发展，其中，科学研究和技术发展投入占联邦政府总投入最高；研发基础设施投入、教学设备的投入和科研人员投入等一直处于动态平衡状态。可以看出，美国十分重视高校的科研能力，并着重发挥高校在国家科技创新道路上的重要作用。

表3-7　2000~2009年美国联邦政府对高校科研经费投入情况

单位：千美元

年份	联邦政府总投入	科学研究和技术发展投入	研发基础设施投入	教学设备投入	科研人员培训投入	一般支持性投入	其他研发投入
2000	19877232	17289808	239620	59702	782841	314184	1191077
2001	22491561	19390153	398978	67426	842530	331904	1460570
2002	24430674	21154640	301225	109693	936862	431861	1496393
2003	26659692	22804253	726204	86112	949944	428796	1664383
2004	27338022	23810986	382067	82800	1048218	421318	1592651
2005	28041903	24683582	421772	39987	1045486	388914	1462162
2006	28264540	24991759	308502	16460	1036775	323060	1587984
2007	28181929	24997977	279065	13262	1101018	221735	1568872
2008	28424681	25481946	274807	3694	862301	299684	1502249
2009	36166184	32420665	790695	4558	895170	242739	1812356

美国联邦政府对高校的科研经费投入情况主要体现了国家对高校进行基础研究的重视程度，高校与企业的经费投入水平体现了高校与企业进行应用研究的发展情况。对比我国高等学校R&D经费投入情况，如图3-5所示，1998~2014年我国高等学校的R&D经费持续增长，占全国R&D经费比重也保持在50%以上。

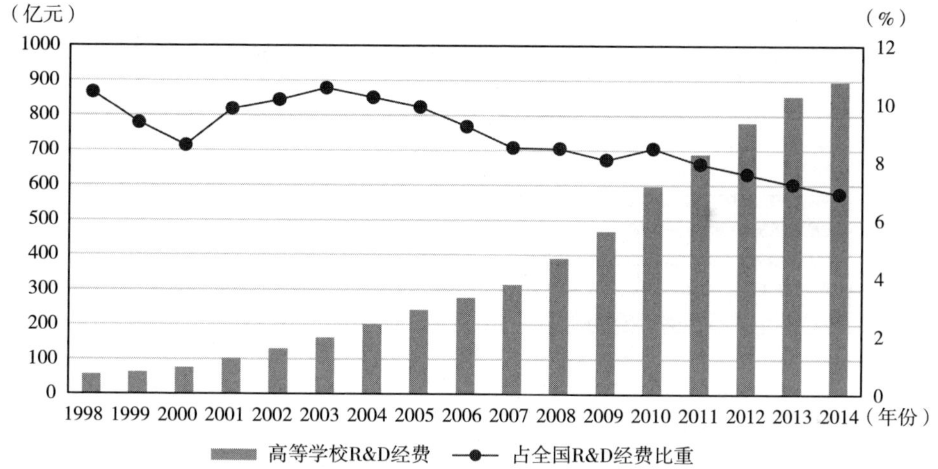

图 3–5　高等学校 R&D 经费占全国 R&D 经费比重（1998~2014 年）

资料来源：2014 年我国高等学校 R&D 活动分析。

自 2006 年高等学校的基础研究经费超过研究机构以来，高校一直是我国最大的基础研究活动执行部门。2014 年，全国科学研究经费（基础研究经费与应用研究经费之和）中，高等学校占 40%，比 2006 年提高 7.6 个百分点。2014 年，高等学校 R&D 经费中，政府资金为 536.5 亿元、企业资金为 302.7 亿元、国外资金和其他资金共 50.5 亿元，分别占高等学校 R&D 经费的 59.7%、33.7% 和 5.6%。2005~2014 年，高等学校 R&D 经费中政府资金所占比重一直最大，基本保持在 54% 以上，如图 3–6 所示。

根据中国研究型高校科研经费的投入情况，政府和企业都在大力利用高校的科研优势，并大力投入科研经费，推动高校科研能力的发展，为我国建立产学研协同创新体系打下了良好基础。

三、国内外高校产学研协同创新成果转化情况对比分析

产学研协同创新成果的转化实质上是知识创新转化为技术创新从而达到技术应用的目的，收获一定的经济效益。以美国康奈尔大学为

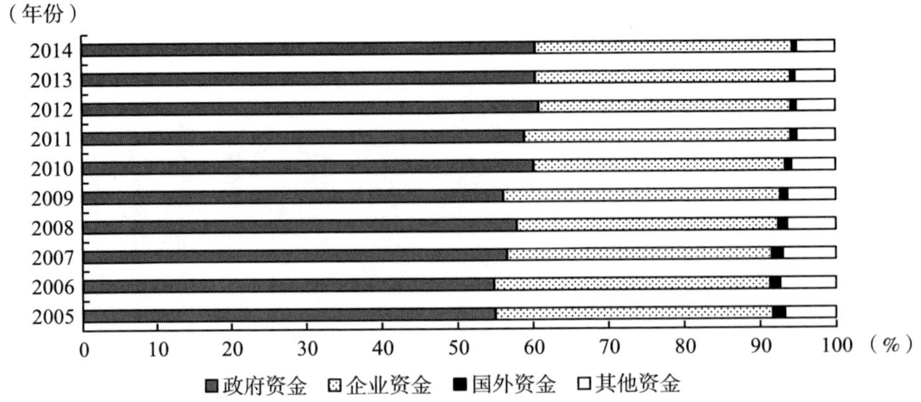

图 3-6　高等学校 R&D 经费来源构成（2005~2014 年）

资料来源：2014 年我国高等学校 R&D 活动分析。

例，2008~2012 年技术许可和专利使用收入总额如表 3-8 所示，尽管 2008 年美国遭遇金融危机，但其专利使用偿付收入并没有受到很大影响，科技成果转化为经济效益的水平仍然处于平稳状态，并有望进一步提升。

表 3-8　2008~2012 年康奈尔大学技术许可和专利使用收入

单位：美元

项目 \ 年份	2008	2009	2010	2011	2012	合计
技术许可收入	6831463	5084199	9041994	7001172	9132389	37091213
专利使用偿付收入	2703216	670778	2712566	2398078	3037493	13522131
非常收入 *	18385	44723	20112055	58503289	474521	79152973
总计	9553064	7799700	31866615	67902539	12644399	129766317

* 注：非常收入指学校在专利技术转让争议处理等活动中获得的一次性额外收入。

2014 年，我国高等学校作为卖方在技术市场签订技术合同 5.4 万项，比上年下降 5.6%，占全国技术合同成交量的 18.3%；技术合同成交金额为 215.1 亿元，比上年下降 4.3%，仅占全国技术合同成交金额的 3.7%，如图 3-7 所示。

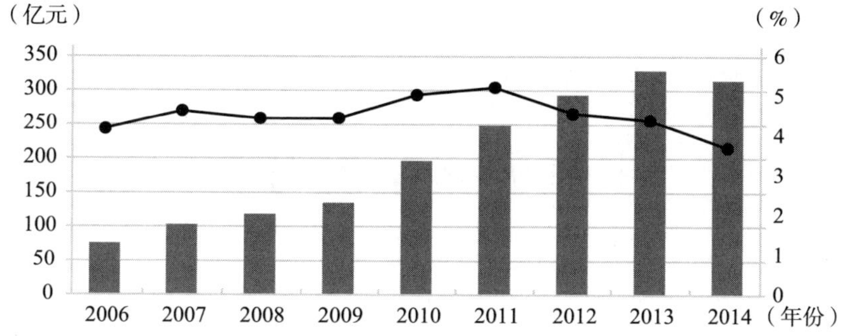

图 3-7　高等学校作为卖方的技术合同成交金额及其占全国的比重（2006~2014 年）

技术市场成交额一直都是产学研协同创新项目成果的突出表现，我国以及各个省市对于加强技术的成交和转让采取了很多措施，并取得了显著成果，不仅提升了我国区域创新能力，同时很多本地技术转向国外市场，极大地彰显了我国的科技实力。

本章小结

本章主要介绍了美国、英国和日本等发达国家产学研协同创新的实例，并总结其建设国家产学研协同创新体系的先进经验；研究我国国内典型的产学研协同创新实例，分析其发展现状以及未来的发展优势，对提升辽宁省产学研协同创新发展具有重要启示意义。

通过对比研究国内外高校的科研水平、科研经费投入情况和产学研协同创新成果转化情况，分析我国高校在提升产学研协同创新能力时与国际高水平院校产生差距的主要原因。总结得出，我国高校作为产学研协同创新项目实施的重要主体，政府必须做好政策引导、法律保护和监督管理等重要工作，创建良好的产学研协同创新环境；高校必须竭力提升基础研究能力，与企业和科研机构开展紧密稳定的合作，为自身的基础研究寻找强有力的方向，促使产学研协同创新成功的转化。

第四章　辽宁省高校产学研协同创新主体要素情况分析

美国、英国和日本等发达国家的产学研协同创新发展经验为构建辽宁省高校产学研协同创新管理体系提供了新的思路，有助于把握辽宁省高校产学研协同创新管理体系的发展方向，寻找提高辽宁省产学研协同创新水平的途径。

随着近年来辽宁省高新技术产业的迅速蓬勃发展，其高新技术园区不断兴起，截至 2020 年 12 月，辽宁省有国家级高新技术产业开发区共计 8 个，省级高新技术产业开发区共计 10 个，这些高新技术产业开发区的兴起和建立，极大地推进了辽宁省产学研协同创新的快速发展，为辽宁省进行产学研协同创新管理体系建设提供了丰富的实践经验。本书主要围绕辽宁省产学研协同创新科技平台建设、高校科研经费结构和创新主体之间合作的紧密程度展开分析。

第一节　创新主体要素的科技研究与发展情况分析

对美国、英国等发达国家和清华大学的产学研协同创新的发展模式及发展战略研究结果表明，影响产学研协同创新的主要因素是各创新主体的科研水平，包括基础研究、应用研究、技术开发等，实现从知识创新到技术创新的转化。影响技术创新的主要因素有科研经费及人员的投入、高校科研水平、技术转移机制、风险承担机制和政府的推动政策等。

高校占据着产学研协同创新的主体地位，高校不仅教学实力强大，科研成果产出量和获得的收入也很高。根据2016年辽宁省高校科教能力排名，辽宁省具有代表性的研究型院校是东北大学和大连理工大学，具有科研潜力并正在实施产学研协同创新项目的院校有辽宁大学、大连海事大学和东北财经大学等，如表4–1所示。

表4–1　2016年辽宁省高校科研能力及教学能力排名

名次	学校名称	所在城市	全国排名		办学类型	办学层次
			名次	总分		
1	东北大学	沈阳市	26	69.55	中国研究型	中国一流大学
2	大连理工大学	大连市	29	68.84	中国研究型	中国一流大学
3	辽宁大学	沈阳市	110	63.18	区域研究型	中国知名大学
4	东北财经大学	大连市	115	63.05	区域特色研究型	中国高水平大学
5	大连海事大学	大连市	138	62.55	区域特色研究型	中国知名大学
6	中国医科大学	沈阳市	143	62.38	区域特色研究型	中国知名大学
7	辽宁工程技术大学	阜新市	176	61.96	专业型	区域高水平大学
8	沈阳农业大学	沈阳市	190	61.79	区域特色研究型	区域高水平大学
9	沈阳工业大学	沈阳市	200	61.69	专业型	区域高水平大学
10	大连医科大学	大连市	211	61.57	专业型	区域高水平大学

截至2015年底，全省普通高校共有两院院士23人，其中，中国科学院院士8人，中国工程院院士15人；“千人计划”入选者33人，“青年千人计划”入选者14人，“长江学者奖励计划”讲座教授24人，“长江学者奖励计划”特聘教授55人，“国家杰出青年科学基金”获得者68人。

随着科研人员投入量的上升，科研人员的层次也在发生变化，如表4–2所示。以2018年辽宁省教育厅统计数据为例，辽宁省共投入科技课题研究人员14262.2人，人文社会科学课题研究人员3620.9人，其中，东北大学和大连理工大学独树一帜；辽宁省当年共投入的科技课题经费514624.2万元，人文社会科学课题18967.0万元（见表4–2）。这不仅为辽宁省的产学研协同创新发展输入大量的科研人才，大量的科研经费投入也为产学研协同创新项目的实施给予了强有力的保障。

表4–2　2018年辽宁省高校科研经费及科研人员投入量

	科技课题		人文社会科学课题	
	当年投入人数（人年）	当年投入经费（万元）	当年投入人数（人年）	当年投入经费（万元）
总计	**14262.2**	**514624.2**	**3620.9**	**18967.0**
东北大学	1056.9	150750.8	150.2	4464.4
大连理工大学	1408.0	105876.9	44.6	836.4
辽宁大学	192.9	3302.9	290.6	1348.0
中国医科大学	665.8	6366.5	8.0	121.9
大连海事大学	920.9	35118.4	164.6	754.0
沈阳航空航天大学	532.2	10071.2	30.4	295.4
沈阳理工大学	457.9	14207.5	41.3	178.0
辽宁工程技术大学	540.0	26136.2	22.2	115.0
大连交通大学	478.2	3886.2	23.8	133.0
沈阳农业大学	464.3	36947.8	30.4	108.3

2018年，辽宁省参加科技活动的普通高校共计61所，其中包括37所普通本科高校、11所普通高职（专科）学校和13所附属医院。

（一）科技活动人力

2018年，辽宁省普通高校投入科技活动人员44421人，比上年增加118人。其中，自然科学领域投入5427人，工程与技术领域投入18351人，医药科学领域投入14845人，农业科学领域投入1706人，其他领域投入4092人。在辽宁省高校科技活动人员中，科学家和工程师共43502人，占97.9%。

表 4-3 2017 年全国分地区普通高校科技研究与发展情况

	科技人力（人）	科技经费（亿元）	R&D 科技活动机构（所）	重点、重大科技项目（项）			主办国际会议（次）	技术转让		专利拥有数（项）		发表论文（篇）	三大检索（篇）			获奖总数（项）	
				重点研发计划	科技部重大专项	国家自然科学基金		合同数（项）	实际收入（亿元）	合计	其中：发明专利		SCIE	EI	CPCI-S	合计	其中：国家级
总计	1091462	1772.89	10070	15891	2328	118863	2145	12363	36.60	571173	302026	957341	274714	174739	44267	4798	281
北京市	77758	253.69	741	4186	696	13596	211	587	6.21	59622	47476	96704	33969	29262	8751	424	75
天津市	24597	49.94	209	554	103	3498	61	286	0.28	10706	8408	21366	7614	4849	504	81	7
河北省	43788	27.15	173	93	8	1357	21	337	0.35	10942	4219	25934	3945	3042	459	170	7
山西省	22796	14.91	109	48	2	1207	5	291	1.30	5054	3373	14233	3507	2263	174	63	—
内蒙古自治区	16698	5.45	133	50	5	995	—	3	0.00	2858	888	10599	1173	652	111	63	1
辽宁省	44303	62.02	735	618	47	4251	72	341	2.09	19602	11513	40134	10917	7324	1772	246	10
吉林省	27380	30.88	407	252	108	2372	32	189	0.52	9763	4612	25193	6135	4056	1145	218	3
黑龙江省	36792	57.66	294	427	56	2219	80	176	0.19	26124	12792	31851	8875	8229	1722	222	7
上海市	56807	159.72	300	1174	188	10316	312	407	1.19	30269	21508	67020	27760	13719	4476	279	25
江苏省	77290	182.57	727	1634	207	11216	198	3442	4.94	76221	42950	92944	29823	19406	4441	447	29
浙江省	53653	92.81	325	1196	74	7286	94	865	1.49	47613	24561	37257	13768	8057	1865	218	20
安徽省	36984	69.65	343	498	51	3980	57	283	0.51	16532	5987	28311	7539	4531	809	131	2
福建省	28876	40.85	458	187	5	2839	64	705	0.90	13403	6333	17838	4981	2771	393	101	2
江西省	28050	21.14	264	86	7	2180	34	72	0.19	8970	2344	16335	3515	1714	831	65	—
山东省	65136	80.34	554	644	165	6214	107	421	6.32	31434	15181	50086	15872	9231	1875	163	6
河南省	45029	27.97	452	195	18	2684	38	335	1.28	20391	6993	28366	5945	2202	427	215	4

续表

	科技人力（人）	科技经费（亿元）	R&D 科技活动机构（所）	重点、重大科技项目（项）			主办国际会议（次）	技术转让		专利拥有数（项）		发表论文（篇）	三大检索（篇）			获奖总数（项）	
				重点研发计划	科技部重大专项	国家自然科学基金		合同数（项）	实际收入（亿元）	合计	其中：发明专利		SCIE	EI	CPCI-S	合计	其中：国家级
湖北省	58212	102.39	477	1169	161	7212	174	330	0.95	26634	13195	59017	16367	9757	3443	339	16
湖南省	46629	49.20	418	315	24	3634	44	163	0.22	22302	8811	37965	10831	6374	1236	175	13
广东省	72012	167.83	1045	746	40	9729	197	680	1.20	30020	13657	62605	18034	8884	2014	188	15
广西壮族自治区	27289	20.69	216	57	7	2354	22	115	0.08	8080	4286	15083	2956	1390	422	90	—
海南省	5845	2.74	30	3	—	399	4	—	—	1089	262	2256	469	138	62	13	—
重庆市	24067	37.27	295	268	29	2100	17	881	2.12	16021	7682	22083	5841	3991	856	106	5
四川省	52036	72.56	381	583	258	5187	131	641	1.75	24487	10902	52419	12661	7120	2215	252	11
贵州省	14678	8.66	142	65	1	1260	2	19	0.00	5292	1074	10067	1024	546	162	50	—
云南省	19109	12.12	192	54	3	1905	22	14	0.02	6722	2901	11330	2367	1226	444	98	—
西藏自治区	1193	0.98	9	—	—	140	1	—	—	75	19	896	62	23	1	11	—
陕西省	48250	95.58	408	667	56	5244	124	681	2.45	32873	17244	49131	13923	12076	3190	254	20
甘肃省	11917	11.84	127	64	8	1209	12	88	0.01	4798	1665	13175	2796	1186	322	57	2
青海省	4323	3.54	15	4	—	157	4	—	—	233	85	2104	196	33	6	15	—
宁夏回族自治区	6427	5.75	36	17	—	545	—	7	0.01	668	231	4986	648	269	82	19	—
新疆维吾尔自治区	13538	4.99	55	37	1	1578	5	4	0.002	2375	874	10053	1201	418	57	25	1

表 4-4 2017 年全国分地区普通高校人文、社会科学研究与发展情况

	研究与发展课题				研究与发展成果					获奖成果数（项）	
	课题总数（项）	当年投入人数（人年）	当年拨入经费（亿元）	当年支出经费（亿元）	著作（部）	学术论文（篇）		研究与咨询报告（篇）		合计	其中：国家级和部级
						合计	其中：国外学术刊物发表	提交有关部门数	其中：被采纳数		
总计	**450028**	**105472.9**	**96.30**	**78.73**	**31767**	**350769**	**13399**	**17749**	**8613**	**2471**	**116**
北京市	40307	7901.8	17.97	12.81	3898	30923	1897	822	321	195	27
天津市	9875	2910.3	1.95	1.60	616	7278	593	231	128	—	—
河北省	14256	4577.3	0.91	0.79	1024	11590	180	390	117	—	—
山西省	5138	1654	0.61	0.55	629	5530	55	81	40	—	—
内蒙古自治区	3571	1090.7	0.51	0.45	512	4375	141	69	57	197	1
辽宁省	**15696**	**3664.8**	**2.00**	**1.63**	**1543**	**14578**	**476**	**517**	**58**	**193**	**2**
吉林省	11135	3072.1	2.14	1.77	639	8831	260	365	175	263	1
黑龙江省	4743	3001.5	0.64	0.49	698	6325	77	49	23	—	—
上海市	23477	4547.3	8.10	6.36	2150	17366	1621	1059	688	55	16
江苏省	33113	7473	7.25	6.24	1845	29044	1007	2499	1228	5	5
浙江省	36891	7969.7	7.93	6.30	1535	16214	845	1597	627	197	17
安徽省	12666	3037.8	1.58	1.23	600	10146	167	197	129	3	3
福建省	17676	3631.7	3.02	2.74	630	10624	515	928	718	3	3
江西省	12418	1700.3	1.40	1.32	680	8111	241	135	98	255	4
山东省	20189	5376.5	3.03	2.27	1393	12193	475	1004	391	231	4

续表

	研究与发展课题				研究与发展成果					获奖成果数（项）	
	课题总数（项）	当年投入人数（人年）	当年拨入经费（亿元）	当年支出经费（亿元）	著作（部）	学术论文（篇）		研究与咨询报告（篇）		合计	其中：国家级和部级
						合计	其中：国外学术刊物发表	提交有关部门数	其中：被采纳数		
河南省	18134	3447	2.29	1.97	1864	17902	267	727	14	240	1
湖北省	21547	4883.8	5.27	4.46	1902	18241	732	841	661	10	4
湖南省	21192	4941.6	2.63	1.91	1526	17607	380	78	49	94	—
广东省	35301	7007.1	9.97	8.91	1898	25210	1470	2287	1259	228	8
广西壮族自治区	10345	3016.7	1.75	1.59	560	7776	54	43	32	7	4
海南省	1882	510.1	0.25	0.21	303	3074	50	55	33	83	—
重庆市	12881	3494.7	3.12	2.78	985	10771	297	1265	872	3	2
四川省	23588	5996	3.61	3.21	1213	15207	744	1056	666	20	6
贵州省	6303	1463.4	1.08	0.95	491	7023	42	260	59	2	2
云南省	8024	2948.2	2.02	1.53	762	9621	208	257	64	169	—
西藏自治区	830	177.3	0.13	0.14	26	356	3	3	3	9	—
陕西省	17231	2653.8	3.06	2.68	1083	14416	511	707	38	1	1
甘肃省	4891	1514.9	1.04	0.95	429	5114	39	70	38	—	—
青海省	563	307.6	0.16	0.14	40	324	2	9	4	—	—
宁夏回族自治区	2093	354.6	0.26	0.26	161	1551	29	128	14	6	3
新疆维吾尔自治区	4072	1147.3	0.66	0.49	132	3448	21	20	9	2	2

表 4–5　2018 年辽宁省普通高校分校科研课题情况

	科技课题			人文、社会科学研究课题		
	课题数（项）	当年投入人数（人年）	当年投入经费（万元）	课题数（项）	当年投入人数（人年）	当年投入经费（万元）
总计	**22743**	**16741.6**	**552241.8**	**16551**	**3782.5**	**28308.8**
一、中央部委属高校	**7866**	**3970.2**	**326014.0**	**2604**	**541.4**	**12587.5**
大连理工大学	4019	1545.7	129286.9	557	129.7	1286.2
东北大学	2346	1186.2	167674.2	918	97.1	4751.8
大连海事大学	1094	1096.3	27009.3	457	219.2	699.0
中国刑事警察学院	—	—	—	303	35.2	5306.9
大连民族大学	407	142.0	2043.6	369	60.2	543.7
二、地方属高校	**14877**	**12771.4**	**226227.8**	**13947**	**3241.1**	**15721.3**
省属	**13567**	**11531.7**	**215302.3**	**11319**	**2607.8**	**13747.7**
本科	**13401**	**11342.3**	**214602.8**	**10832**	**2467.7**	**13668.1**
辽宁大学	334	338.4	5777.0	1452	403.2	1855.4
沈阳工业大学	491	304.2	15118.9	224	35.0	302.6
沈阳航空航天大学	628	596.0	20528.2	148	45.5	119.0
沈阳理工大学	288	403.2	4214.5	128	32.7	190.3
辽宁科技大学	592	292.6	9989.2	229	43.4	355.1
辽宁工程技术大学	454	518.0	6158.0	102	19.3	84.8
辽宁石油化工大学	233	148.3	5593.9	71	25.3	55.8
沈阳化工大学	429	289.5	13186.6	80	23.9	21.0
大连交通大学	175	275.0	4133.6	37	8.8	112.4
大连工业大学	491	348.5	9043.6	144	91.6	65.5
沈阳建筑大学	631	315.9	7557.7	165	34.9	59.4
辽宁工业大学	582	377.6	1151.0	135	21.6	68.3
沈阳农业大学	1157	668.6	49636.1	126	23.7	537.9
大连海洋大学	760	396.6	5524.3	422	42.3	288.5
中国医科大学	878	800.9	11270.7	197	56.5	38.9

续表

	科技课题			人文、社会科学研究课题		
	课题数（项）	当年投入人数（人年）	当年投入经费（万元）	课题数（项）	当年投入人数（人年）	当年投入经费（万元）
中国医科大学附属一院	498	461.7	7023.7	—	—	—
中国医科大学附属盛京医院	516	317.0	3462.5	—	—	—
中国医科大学附属口腔医院	92	65.7	430.6	—	—	—
中国医科大学附属四院	96	68.0	312.0	—	—	—
锦州医科大学	706	306.5	1320.0	17	11.1	6.0
锦州医科大学附属一院	5	3.7	78.0	—	—	—
大连医科大学	305	313.6	3505.9	123	28.1	81.1
大连医科大学附属一院	303	819.0	1386.0	—	—	—
大连医科大学附属二院	316	632.0	4321.6	—	—	—
辽宁中医药大学	358	357.0	1686.5	33	6.1	4.2
辽宁中医药大学附属一院	159	525.6	324.5	—	—	—
辽宁中医药大学附属二院	43	59.8	403.0	—	—	—
辽宁中医药大学附属三院	8	24.0	8.0	—	—	—
辽宁中医药大学附属四院	1	2.7	90.0	—	—	—
沈阳药科大学	352	74.2	8583.4	22	8.1	47.1
辽宁师范大学	148	132.3	2052.3	530	243.9	1180.2
沈阳师范大学	408	276.0	2118.7	707	296.7	990.0
渤海大学	268	303.0	3109.0	1271	119.3	438.5
大连外国语大学	34	30.6	76.1	472	105.4	515.5
东北财经大学	—	—	—	2225	240.4	2355.2
沈阳体育学院	—	—	—	447	181.4	1008.4
沈阳音乐学院	—	—	—	457	25.5	247.2
鲁迅美术学院	—	—	—	86	51.2	617.8

续表

	科技课题			人文、社会科学研究课题		
	课题数（项）	当年投入人数（人年）	当年投入经费（万元）	课题数（项）	当年投入人数（人年）	当年投入经费（万元）
辽宁科技学院	192	207.6	550.3	144	103.6	54.7
沈阳工程学院	220	221.0	2778.7	100	47.9	324.2
辽东学院	250	68.0	2098.7	438	73.7	894.5
辽宁警察学院	—	—	—	100	17.6	748.5

表 4–6　2018 年普通高校分校国家级科技课题情况

	国家重点研发计划		科技部重大专项		国家自然科学基金	
	课题数（项）	当年投入经费（万元）	课题数（项）	当年投入经费（万元）	课题数（项）	当年投入经费（万元）
总计	**869**	**59302.5**	**49**	**3011.9**	**4503**	**86989.5**
一、中央部委属高校	**534**	**28352.3**	**11**	**211.3**	**2159**	**45145.1**
大连理工大学	313	14552.0	11	211.3	1122	25719.2
东北大学	194	12825.9	—	—	739	15832.2
大连海事大学	13	761.1	—	—	170	2675.4
大连民族大学	14	213.3	—	—	128	918.3
二、地方属高校	**335**	**30950.2**	**38**	**2800.6**	**2344**	**41844.4**
1. 省属	**329**	**30918.7**	**37**	**2795.6**	**2247**	**40632.3**
辽宁大学	1	330.0	—	—	79	1947.8
沈阳工业大学	13	268.1	—	—	47	771.7
沈阳航空航天大学	8	310.8	—	—	84	557.7
沈阳理工大学	3	33.6	—	—	10	131.7
辽宁科技大学	3	—	—	—	69	705.9
辽宁工程技术大学	17	402.6	—	—	101	1256.9
辽宁石油化工大学	—	—	1	60.0	26	345.7
沈阳化工大学	—	—	—	—	33	537.0

续表

	国家重点研发计划		科技部重大专项		国家自然科学基金	
	课题数（项）	当年投入经费（万元）	课题数（项）	当年投入经费（万元）	课题数（项）	当年投入经费（万元）
大连交通大学	—	—	—	—	4	67.4
大连工业大学	33	4041.7	1	30.0	71	849.1
沈阳建筑大学	29	835.0	—	—	58	645.0
辽宁工业大学	—	—	—	—	39	449.0
沈阳农业大学	156	20812.8	—	—	169	8680.3
大连海洋大学	13	1374.6	—	—	55	477.2
中国医科大学	16	239.8	12	1159.4	356	7185.4
中国医科大学附属一院	12	—	2	—	154	4131.3
中国医科大学附属盛京医院	8	885.5	12	190.9	132	866.2
中国医科大学附属口腔医院	1	—	—	—	27	169.7
中国医科大学附属四院	—	—	—	—	17	192.0
锦州医科大学	—	—	—	—	52	227.0
大连医科大学	3	60.8	—	—	130	1704.5
大连医科大学附属一院	—	—	—	—	89	1085.0
大连医科大学附属二院	—	—	—	—	66	2371.7
辽宁中医药大学	3	61.0	—	—	67	884.3
辽宁中医药大学附属一院	—	—	—	—	11	138.2
辽宁中医药大学附属二院	—	—	1	—	2	20.0
沈阳药科大学	3	1070.3	4	1247.8	74	1395.1

续表

	国家重点研发计划		科技部重大专项		国家自然科学基金	
	课题数（项）	当年投入经费（万元）	课题数（项）	当年投入经费（万元）	课题数（项）	当年投入经费（万元）
辽宁师范大学	—	—	—	—	92	1089.9
沈阳师范大学	—	—	—	—	40	404.8
渤海大学	7	192.1	4	107.5	77	1138.3
大连外国语大学	—	—	—	—	1	30.0
辽宁科技学院	—	—	—	—	7	32.5
沈阳工程学院	—	—	—	—	4	35.0
辽东学院	—	—	—	—	4	109.0
2. 市属	**6**	**31.5**	**1**	**5.0**	**94**	**1204.1**
沈阳医学院	1	18.0	1	5.0	17	130.4
沈阳医学院沈洲医院	—	—	—	—	1	10.0
鞍山师范学院	—	—	—	—	6	—
沈阳大学	—	—	—	—	4	69.2
大连大学	5	13.5	—	—	66	994.5
3. 民办	**—**	**—**	**—**	**—**	**3**	**8.0**
大连东软信息学院	—	—	—	—	3	8.0

表 4–7　2018 年普通高校分校国家级人文、社科课题情况

	国家社科基金		国家社科基金单列学科		国家自然科学基金	
	课题数（项）	当年投入经费（万元）	课题数（项）	当年投入经费（万元）	课题数（项）	当年投入经费（万元）
总计	**869**	**59302.5**	**49**	**3011.9**	**4503**	**86989.5**
一、中央部委属高校	**534**	**28352.3**	**11**	**211.3**	**2159**	**45145.1**
大连理工大学	313	14552.0	11	211.3	1122	25719.2
东北大学	194	12825.9	—	—	739	15832.2
大连海事大学	13	761.1	—	—	170	2675.4

续表

	国家社科基金		国家社科基金单列学科		国家自然科学基金	
	课题数（项）	当年投入经费（万元）	课题数（项）	当年投入经费（万元）	课题数（项）	当年投入经费（万元）
大连民族大学	14	213.3	—	—	128	918.3
二、地方属高校	**335**	**30950.2**	**38**	**2800.6**	**2344**	**41844.4**
1. 省属	**329**	**30918.7**	**37**	**2795.6**	**2247**	**40632.3**
辽宁大学	1	330.0	—	—	79	1947.8
沈阳工业大学	13	268.1	—	—	47	771.7
沈阳航空航天大学	8	310.8	—	—	84	557.7
沈阳理工大学	3	33.6	—	—	10	131.7
辽宁科技大学	3	—	—	—	69	705.9
辽宁工程技术大学	17	402.6	—	—	101	1256.9
辽宁石油化工大学	—	—	1	60.0	26	345.7
沈阳化工大学	—	—	—	—	33	537.0
大连交通大学	—	—	—	—	4	67.4
大连工业大学	33	4041.7	1	30.0	71	849.1
沈阳建筑大学	29	835.0	—	—	58	645.0
辽宁工业大学	—	—	—	—	39	449.0
沈阳农业大学	156	20812.8	—	—	169	8680.3
大连海洋大学	13	1374.6	—	—	55	477.2
中国医科大学	16	239.8	12	1159.4	356	7185.4
中国医科大学附属一院	12	—	2	—	154	4131.3
中国医科大学附属盛京医院	8	885.5	12	190.9	132	866.2
中国医科大学附属口腔医院	1	—	—	—	27	169.7

续表

	国家社科基金		国家社科基金单列学科		国家自然科学基金	
	课题数（项）	当年投入经费（万元）	课题数（项）	当年投入经费（万元）	课题数（项）	当年投入经费（万元）
中国医科大学附属四院	—	—	—	—	17	192.0
锦州医科大学	—	—	—	—	52	227.0
大连医科大学	3	60.8	—	—	130	1704.5
大连医科大学附属一院	—	—	—	—	89	1085.0
大连医科大学附属二院	—	—	—	—	66	2371.7
辽宁中医药大学	3	61.0	—	—	67	884.3
辽宁中医药大学附属一院	—	—	—	—	11	138.2
辽宁中医药大学附属二院	—	—	1	—	2	20.0
沈阳药科大学	3	1070.3	4	1247.8	74	1395.1
辽宁师范大学	—	—	—	—	92	1089.9
沈阳师范大学	—	—	—	—	40	404.8
渤海大学	7	192.1	4	107.5	77	1138.3
大连外国语大学	—	—	—	—	1	30.0
辽宁科技学院	—	—	—	—	7	32.5
沈阳工程学院	—	—	—	—	4	35.0
辽东学院	—	—	—	—	4	109.0
2. 市属	**6**	**31.5**	**1**	**5.0**	**94**	**1204.1**
沈阳医学院	1	18.0	1	5.0	17	130.4

续表

	国家社科基金		国家社科基金单列学科		国家自然科学基金	
	课题数（项）	当年投入经费（万元）	课题数（项）	当年投入经费（万元）	课题数（项）	当年投入经费（万元）
沈阳医学院沈洲医院	—	—	—	—	1	10.0
鞍山师范学院	—	—	—	—	6	—
沈阳大学	—	—	—	—	4	69.2
大连大学	5	13.5	—	—	66	994.5
3. 民办	**—**	**—**	**—**	**—**	**3**	**8.0**
大连东软信息学院	—	—	—	—	3	8.0

表 4-8　2018 年辽宁省普通高校分校科研经费情况

单位：万元

	合计	科技经费	其中：政府资金	其中：企事业单位委托经费	人文、社科经费	其中：政府资金	其中：企事业单位委托经费
总计	**737281.8**	**687351.4**	**350419.2**	**290816.9**	**49930.4**	**35889.9**	**6895.3**
一、中央部委属高校	**393021.6**	**376016.2**	**167024.1**	**198279.6**	**17005.4**	**13331.9**	**1836.7**
大连理工大学	162958.5	161286.5	94333.1	57620.9	1672.0	1495.4	176.6
东北大学	176177.1	170375.8	47512.2	121768.1	5801.3	2909.5	1484.4
大连海事大学	41737.7	40053.4	21561.2	18386.7	1684.3	1486.4	172.4
中国刑事警察学院	5543.1	—	—	—	5543.1	5537.9	0.3
大连民族大学	6605.3	4300.5	3617.6	503.9	2304.8	1902.8	3.0

续表

	合计	科技经费	其中：政府资金	其中：企事业单位委托经费	人文、社科经费	其中：政府资金	其中：企事业单位委托经费
二、地方属高校	344260.1	311335.2	183395.1	92537.3	32924.9	22558.0	5058.6
1. 省属	310678.7	282997.4	170914.5	87162.2	27681.3	21101.5	3682.9
（1）本科	308837.4	281819.7	170321.3	87051.2	27017.7	20524.9	3682.9
辽宁大学	10246.7	7185.3	5517.4	1356.4	3061.4	2524.4	537.1
沈阳工业大学	17502.0	17084.2	3529.1	13398.1	417.8	300.8	101.4
沈阳航空航天大学	23100.6	22811.8	7864.6	14120.7	288.8	264.7	—
沈阳理工大学	5979.7	5680.5	2613.3	2632.2	299.2	166.7	132.5
辽宁科技大学	12947.5	12444.7	3581.9	8524.3	502.8	169.3	308.5
辽宁工程技术大学	9775.1	9632.4	5421.7	3835.0	142.7	128.9	—
辽宁石油化工大学	10983.5	10821.4	5729.1	3184.7	162.1	136.3	—
沈阳化工大学	13713.5	13620.8	2138.4	11482.4	92.7	92.7	—
大连交通大学	6118.3	5970.7	2330.0	3636.7	147.6	37.2	110.4
大连工业大学	13359.6	13036.7	10033.6	2263.9	322.9	320.4	—
沈阳建筑大学	8279.8	8126.3	3615.9	4510.4	153.5	153.5	—
辽宁工业大学	2577.1	2431.0	1677.2	333.5	146.1	131.1	15.0
沈阳农业大学	51071.1	50438.4	46563.3	3857.6	632.7	506.3	100.6
大连海洋大学	8681.6	8266.2	6318.5	1599.2	415.4	268.1	81.6
中国医科大学	21554.7	21057.9	17871.0	978.5	496.8	373.9	—
中国医科大学附属一院	7854.7	7854.7	5036.2	666.5	—	—	—

续表

	合计	科技经费	其中：政府资金	其中：企事业单位委托经费	人文、社科经费	其中：政府资金	其中：企事业单位委托经费
中国医科大学附属盛京医院	8061.4	8061.4	3536.0	687.3	—	—	—
中国医科大学附属口腔医院	517.3	517.3	334.4	182.9	—	—	—
中国医科大学附属四院	434.4	434.4	355.4	35.0	—	—	—
锦州医科大学	6029.6	5994.6	1141.6	—	35.0	35.0	—
锦州医科大学附属一院	84.6	84.6	56.6	28.0	—	—	—
大连医科大学	4226.4	4070.3	3541.2	394.2	156.1	116.3	39.9
大连医科大学附属一院	3574.8	3574.8	2368.8	—	—	—	—
大连医科大学附属二院	5362.0	5362.0	4919.6	—	—	—	—
辽宁中医药大学	2134.1	2114.9	2109.9	—	19.2	19.2	—
辽宁中医药大学附属一院	1585.9	1585.9	1571.6	14.3	—	—	—
辽宁中医药大学附属二院	3252.6	3252.6	3252.6	—	—	—	—
辽宁中医药大学附属三院	63.1	63.1	45.2	—	—	—	—
辽宁中医药大学附属四院	94.8	94.8	94.8	—	—	—	—
沈阳药科大学	10560.3	10494.2	6984.1	3328.6	66.1	25.0	—

续表

	合计	科技经费	其中：政府资金	其中：企事业单位委托经费	人文、社科经费	其中：政府资金	其中：企事业单位委托经费
辽宁师范大学	5556.0	3526.3	3009.3	140.2	2029.7	2029.7	—
沈阳师范大学	6489.1	3198.9	2012.0	689.0	3290.2	3163.5	—
渤海大学	7560.7	5727.1	3181.1	746.0	1833.6	678.2	286.6
大连外国语大学	2581.3	167.9	139.8	16.5	2413.4	1695.0	106.5
东北财经大学	4235.6	—	—	—	4235.6	3282.3	205.7
沈阳体育学院	1511.9	—	—	—	1511.9	1456.9	—
沈阳音乐学院	375.2	—	—	—	375.2	374.6	—
鲁迅美术学院	725.8	—	—	—	725.8	265.8	460.0
辽宁科技学院	1792.6	1364.9	546.8	446.9	427.7	389.3	38.4
沈阳工程学院	3650.3	3110.2	590.5	2470.9	540.1	230.7	302.8
辽东学院	3829.0	2556.5	688.8	1491.3	1272.5	386.0	856.0
辽宁警察学院	803.5	—	—	—	803.5	803.5	—
2. 市属	**26106.0**	**24551.6**	**11646.0**	**2497.6**	**1554.4**	**1324.5**	**96.5**
本科	**25695.0**	**24523.0**	**11631.3**	**2497.6**	**1172.0**	**959.9**	**92.0**
沈阳医学院	2480.4	2480.4	1058.2	20.9	—	—	—
沈阳医学院奉天医院	110.1	110.1	110.1	—	—	—	—
沈阳医学院沈洲医院	972.2	972.2	735.5	—	—	—	—
鞍山师范学院	380.5	142.2	49.1	10.0	238.3	124.7	12.0
沈阳大学	3644.6	3236.1	2900.4	335.7	408.5	408.5	—
大连大学	18094.3	17582.0	6778.0	2131.0	512.3	416.6	79.7
营口理工学院	13.0	—	—	—	13.0	10.2	0.3

表 4-9　2018 年辽宁省普通高校分校科研成果情况

	科技成果							人文、社会科学成果			
	科技著作		学术论文（篇）		三大检索系统			专著（部）		学术论文（篇）	
	（部）	（千字）	合计	其中：国外学术刊物发表	SCIE	EI	CPCI-S	合计	其中：被译成外文	合计	其中：国外学术刊物
总计	411	70825	41320	14348	11935	7473	1650	576	10	14183	287
一、中央部委属高校	90	24785	14008	6728	5053	5308	1157	105	5	1638	90
大连理工大学	23	6158	9815	5072	2718	2651	554	30	4	444	16
东北大学	45	16106	2512	1062	1866	2086	482	29	—	526	65
大连海事大学	14	1227	1381	448	363	530	102	24	—	362	1
中国刑事警察学院	—	—	—	—	—	—	—	4	—	175	—
大连民族大学	8	1294	300	146	106	41	19	18	1	131	8
二、地方属高校	321	46040	27312	7620	6882	2165	493	471	5	12545	197
1. 省属	304	43308	24759	7185	6662	1998	456	389	3	8496	180
（1）本科	304	43308	23713	7167	6656	1980	451	375	3	7375	177
辽宁大学	3	1430	330	289	190	134	6	40	—	522	7
沈阳工业大学	10	1363	627	274	222	356	86	10	—	121	16
沈阳航空航天大学	1	70	643	121	143	76	49	—	—	198	—
沈阳理工大学	8	749	459	79	65	51	1	—	—	280	2
辽宁科技大学	3	955	576	191	164	101	—	1	—	174	47
辽宁工程技术大学	13	2372	1127	130	72	110	7	7	—	163	5

续表

	科技成果							人文、社会科学成果			
	科技著作		学术论文（篇）		三大检索系统			专著（部）		学术论文（篇）	
	（部）	（千字）	合计	其中：国外学术刊物发表	SCIE	EI	CPCI–S	合计	其中：被译成外文	合计	其中：国外学术刊物
辽宁石油化工大学	2	454	780	200	166	160	13	2	—	52	—
沈阳化工大学	2	110	683	221	151	71	—	1	—	232	7
大连交通大学	6	1135	575	124	122	168	5	37	1	54	—
大连工业大学	—	—	698	346	291	82	15	—	—	115	—
沈阳建筑大学	57	8890	1328	208	88	177	34	49	—	274	9
辽宁工业大学	—	—	492	138	118	20	9	1	1	199	4
沈阳农业大学	9	1771	548	192	254	39	11	5	—	60	—
大连海洋大学	6	1010	467	169	122	37	10	—	—	190	3
中国医科大学	39	2338	3625	1251	1168	54	29	12	—	333	11
中国医科大学附属一院	23	827	883	471	471	—	—	—	—	—	—
中国医科大学附属盛京医院	11	990	1114	342	342	—	16	—	—	—	—
中国医科大学附属口腔医院	1	320	170	51	51	—	—	—	—	—	—
中国医科大学附属四院	3	406	190	78	78	—	—	—	—	—	—
锦州医科大学	11	674	392	147	147	—	—	—	—	12	—
锦州医科大学附属一院	8	800	183	70	70	—	—	—	—	—	—

续表

	科技成果							人文、社会科学成果			
	科技著作		学术论文（篇）		三大检索系统			专著（部）		学术论文（篇）	
	（部）	（千字）	合计	其中：国外学术刊物发表	SCIE	EI	CPCI-S	合计	其中：被译成外文	合计	其中：国外学术刊物
大连医科大学	3	456	1755	669	669	—	—	—	—	89	—
大连医科大学附属一院	18	8865	523	153	143	—	—	—	—	—	—
大连医科大学附属二院	—	—	284	152	152	—	—	—	—	—	—
辽宁中医药大学	19	1314	1648	32	32	—	—	2	—	42	—
辽宁中医药大学附属一院	14	754	682	11	—	—	—	—	—	—	—
辽宁中医药大学附属二院	—	—	40	—	—	—	—	—	—	—	—
辽宁中医药大学附属三院	—	—	23	—	—	—	—	—	—	—	—
辽宁中医药大学附属四院	2	218	6	—	1	—	—	—	—	—	—
沈阳药科大学	—	—	465	—	705	—	—	2	—	71	—
辽宁师范大学	11	1374	644	220	177	66	6	38	—	672	—
沈阳师范大学	3	640	373	109	74	59	2	39	—	929	3
渤海大学	3	510	841	656	188	167	146	8	—	373	9
大连外国语大学	—	—	18	3	—	3	—	21	—	236	—
东北财经大学	—	—	—	—	—	—	—	21	1	531	47
沈阳体育学院	—	—	—	—	—	—	—	8	—	235	2
沈阳音乐学院	—	—	—	—	—	—	—	31	—	331	—

续表

	科技成果							人文、社会科学成果			
	科技著作		学术论文（篇）		三大检索系统			专著（部）		学术论文（篇）	
	（部）	（千字）	合计	其中：国外学术刊物发表	SCIE	EI	CPCI-S	合计	其中：被译成外文	合计	其中：国外学术刊物
鲁迅美术学院	—	—	—	—	—	—	—	13	—	183	—
辽宁科技学院	1	80	209	58	6	3	2	—	—	133	—
沈阳工程学院	3	380	172	—	3	43	4	1	—	79	—
辽东学院	11	2053	140	12	11	3	—	24	—	324	5
辽宁警察学院	—	—	—	—	—	—	—	2	—	168	—
2. 市属	**11**	**1505**	**2005**	**281**	**210**	**91**	**35**	**41**	**1**	**1448**	**5**
本科	**11**	**1505**	**1909**	**281**	**210**	**91**	**35**	**32**	**1**	**769**	**2**
沈阳医学院	1	100	135	18	18	—	—	—	—	41	—
沈阳医学院奉天医院	—	—	149	—	8	—	—	—	—	—	—
沈阳医学院沈洲医院	—	—	85	—	—	—	—	—	—	—	—
鞍山师范学院	1	230	98	24	18	7	—	3	—	259	—
沈阳大学	5	479	100	24	24	19	—	9	—	139	1
大连大学	4	696	1342	215	142	65	35	20	1	296	—
营口理工学院	—	—	—	—	—	—	—	—	—	34	1

表 4–10 2018 年辽宁省普通高校分校科研成果获奖情况

	科技成果奖			人文、社会科学成果奖		
	合计	其中：国家级	其中：省部级	合计	其中：国家级	其中：省部级
总计	237	5	232	131	—	131
一、中央部委属高校	118	1	117	55	—	55
大连理工大学	72	1	71	33	—	33
东北大学	42	—	42	—	—	—
大连海事大学	4	—	4	9	—	9
中国刑事警察学院	—	—	—	2	—	2
大连民族大学	—	—	—	11	—	11
二、地方属高校	119	4	115	76	—	76
1. 省属	111	4	107	68	—	68
辽宁大学	—	—	—	56	—	56
沈阳工业大学	3	—	3	—	—	—
沈阳航空航天大学	2	—	2	—	—	—
沈阳理工大学	—	—	—	1	—	1
辽宁科技大学	3	—	3	—	—	—
辽宁工程技术大学	15	—	15	—	—	—
辽宁石油化工大学	2	—	2	3	—	3
沈阳化工大学	6	—	6	—	—	—
大连交通大学	2	—	2	1	—	1
大连工业大学	1	1	—	1	—	1
沈阳建筑大学	10	—	10	—	—	—
辽宁工业大学	—	—	—	3	—	3
沈阳农业大学	9	—	9	—	—	—
大连海洋大学	1	—	1	1	—	1
中国医科大学	5	—	5	—	—	—
中国医科大学附属一院	11	1	10	—	—	—

续表

	科技成果奖			人文、社会科学成果奖		
	合计	其中：国家级	其中：省部级	合计	其中：国家级	其中：省部级
中国医科大学附属盛京医院	8	1	7	—	—	—
中国医科大学附属口腔医院	1	—	1	—	—	—
大连医科大学	7	1	6	—	—	—
大连医科大学附属一院	7	—	7	—	—	—
大连医科大学附属二院	4	—	4	—	—	—
辽宁中医药大学	4	—	4	—	—	—
辽宁中医药大学附属一院	1	—	1	—	—	—
沈阳药科大学	3	—	3	—	—	—
辽宁师范大学	1	—	1	—	—	—
沈阳工程学院	—	—	—	1	—	1
辽东学院	—	—	—	1	—	1
辽宁农业职业技术学院	1	—	1	—	—	—
辽宁林业职业技术学院	4	—	4	—	—	—
2. 市属	**8**	**—**	**8**	**8**	**—**	**8**
沈阳医学院	2	—	2	—	—	—
鞍山师范学院	—	—	—	1	—	1
大连大学	6	—	6	7	—	7

注：本公报中数据信息来源于全省普通高校及医学院校附属医院上报的《2018 年度科技 / 社科统计报表》，由辽宁教育学院完成数据汇总，辽宁省教育厅科技处审核。

2018 年，辽宁省共有 37115 名在读研究生参与科技项目研究，比上年增加 3072 人。

（二）科技活动课题

2018 年，辽宁省普通高校承担各类在研课题 22743 项，比上年增加 2172 项，其中，国家级课题 5421 项，比上年增加 505 项。国家级课题中，重点研发计划项目 869 项，比上年增加 251 项；科技部重大专项49项，比上年增加2项；国家自然科学基金4503项，比上年增加252项。

（三）科技活动经费

2018年，辽宁省普通高校科技活动经费总收入68.74亿元，比上年增收6.72亿元，增长10.8%。其中：政府资金35.04亿元，比上年增收4.29亿元，增长14.0%；企、事业单位委托经费29.08亿元，比上年增收2.14亿元，增长7.9%；当年学校自筹科技活动经费4.17亿元，比上年增收0.94亿元，增长28.9%。2018年，辽宁省高校科技活动经费总支出65.83亿元，比上年增支6.68亿元，增长11.3%。

2018年，辽宁省普通高校科技活动经费总收入中，R&D经费收入为60.43亿元，占总收入的87.9%；辽宁省普通高校科技活动经费总支出中，R&D经费支出为58.15亿元，占总支出的88.3%。

辽宁省科技活动经费总收入中课题经费55.22亿元，比上年增收5.08亿元，增长10.1%；当年支出经费49.11亿元，比上年增支4.50亿元，增长10.1%。课题经费中国家级课题投入14.93亿元，支出12.83亿元。

（四）科技成果

2018年，辽宁省普通高校出版科技著作411部，比上年增加60部；发表学术论文41320篇，比上年增加1186篇；三大检索收录的论文中，SCI（科学引文索引）11935篇，EI（工程索引）7473篇，CPCI-S（科技会议录索引）1650篇；技术转让合同数274项，当年实际收入1.79亿元；专利拥有数23477项，其中发明专利13305项，分别比上年增加3875项和1792项。

2018年，辽宁省普通高校获科技成果奖（省部级以上）237项，比上年减少9项。其中以第一承担单位获国家科技进步二等奖4项（大连理工大学，大连工业大学、中国医科大学附属盛京医院、大连医科大学各1项）。

2018 年，辽宁省参加人文社科活动的普通高校共有 102 所，其中普通本科高校 59 所，普通高职（专科）学校 43 所。

（五）人文社科活动人力

2018 年，辽宁省普通高校人文社科投入研究与发展人员 16705 人，比上年增加 73 人，其中全时人数 109 人，非全时人数 16596 人。另有参与课题的研究生 310 人 / 年。

（六）人文社科活动课题

2018 年，辽宁省普通高校在研人文社科课题 16551 项，比上年增加 855 项。其中：国家社科基金项目 736 项，比上年增加 77 项；国家社科基金单列学科项目 50 项，比上年增加 11 项；国家自然科学基金项目 274 项，比上年增加 18 项。

（七）人文社科活动经费

2018 年，辽宁省普通高校人文社科活动经费总收入 4.99 亿元，比上年增收 1.32 亿元，增长 35.9%。其中：政府资金 3.59 亿元，比上年增收 1.06 亿元，增长 42.0%；企、事业单位委托项目经费 6895 万元，比上年增收 3152 万元，增长 84.2%。2018 年辽宁省高校人文社科研究经费总支出 4.16 亿元，比上年增支 8469 万元，增长 25.6%。

辽宁省人文社科活动经费总收入中课题经费 2.83 亿元，比上年增收 8346 万元，增长 41.8%；当年课题支出经费 2.14 亿元，比上年增支 5098 万元，增长 31.3%。课题经费中国家级课题投入 5914 万元，支出 4567 万元。

（八）人文社科成果

2018 年，辽宁省普通高校出版著作 1189 部（其中专著 576 部），比上年减少 354 部；发表学术论文 14183 篇，比上年减少 395 篇。

2018 年，辽宁省普通高校获奖成果（省部级以上）131 项，其中部级奖 4 项，省级奖 127 项；被采纳成果 149 项。

第二节　创新主体要素的科技平台建设情况分析

辽宁省一直广泛建立对接地方产业集群的高校协同创新基地，截至2015年末，辽宁省共有23所高校的6个科技平台与53个省重点产业集群开展对接合作，为辽宁省重点工业产业集群提供了重大核心技术支撑和科技创新服务。此外，国家级重大科技平台支撑体系也日益丰富。目前，辽宁省共有国家级重点实验室17个，国家工程技术研究中心12个，国家级大学科技园7个；省级重点实验室441个，省级产业技术创新平台198个（见表4-11）。这些科技平台的建设为辽宁省产学研协同创新发展起到了重要的推动作用。

一、国家级重点实验室

表4-11　辽宁省国家级重点实验室情况

序号	平台名称	依托单位	所在地	批建时间	平台类别
1	催化基础科学国家重点实验室	中国科学院大化所	大连市	1984	国家级重点实验室
2	海岸和近海工程国家重点实验室	大连理工大学	大连市	1986	国家级重点实验室
3	分子反应动力学国家重点实验室	中国科学院大化所	大连市	1987	国家级重点实验室
4	工业装备结构分析国家重点实验室	大连理工大学	大连市	1989	国家级重点实验室
5	精细化工国家重点实验室	大连理工大学	大连市	1989	国家级重点实验室
6	轧制技术及连轧自动化国家重点实验室	东北大学	沈阳市	1989	国家级重点实验室

续表

序号	平台名称	依托单位	所在地	批建时间	平台类别
7	沈阳材料科学国家（联合）实验室	中国科学院金属所	沈阳市	2000	国家级重点实验室
8	煤矿安全技术国家重点实验室	煤炭科学研究总院沈阳研究院	抚顺市	2007	国家级重点实验室
9	新农药创制与开发国家重点实验室	沈阳化工研究院	沈阳市	2007	国家级重点实验室
10	高档数控机床国家重点实验室	沈阳机床（集团）有限责任公司	沈阳市	2007	国家级重点实验室
11	机器人学国家重点实验室	中国科学院沈阳自动化研究所	沈阳市	2007	国家级重点实验室
12	全断面掘进机国家重点实验室	北方重工集团有限公司	沈阳市	2010	国家级重点实验室
13	软件架构新技术国家重点实验室	东软集团股份有限公司	沈阳市	2010	国家级重点实验室
14	流程工业综合自动化国家重点实验室	东北大学	沈阳市	2011	国家级重点实验室
15	高端装备轻合金铸造技术国家重点实验室	沈阳铸造研究所	沈阳市	2015	国家级重点实验室
16	海洋装备用金属材料及其应用国家重点实验室	鞍钢集团公司	鞍山市	2015	国家级重点实验室
17	玉米生物育种国家重点实验室	辽宁东亚种业有限公司	沈阳市	2015	国家级重点实验室
18	辽宁省材料电磁工程重点实验室（省部共建）	东北大学	沈阳市	2002	省部共建国家重点实验室培育基地
19	辽宁省内分泌疾病重点实验室（省部共建）	中国医科大学	沈阳市	2010	省部共建国家重点实验室培育基地

（一）精细化工国家重点实验室

精细化工国家重点实验室是 1989 年经国家计划委员会批准，依托大连理工大学筹建而成，1995 年 9 月通过国家验收并正式对外开放，在 2009 年和 2014 年国家重点实验室评估中被评为优秀国家重点实验室。现有固定研究人员 74 人（中国工程院院士 1 人，国家杰出青年科学基金获得者 8 人，“长江学者奖励计划”教授 9 人）、研究生 800 余人，年研究经费 7000 余万元。

精细化工国家重点实验室以精细化工领域科学前沿和国家重大战略需求为导向，着力开展功能化、高附加值精细化学品的结构设计、功能调控和清洁制备等方面的科学研究和技术创新，培养和会聚一批高素质、高水平的创新型专业人才和技术骨干，以高水平科学研究支撑创新人才培养，以高水平人才培养服务创新驱动战略，以国际视野推进高水平国际科技合作，为引领精细化工领域的科学创新、支撑我国精细化工产业发展做出贡献。

主要研究方向及内容：

（1）染料及其光化学：重点开展染料激发态的释能调控、分子结构创新，在荧光染料探针、数码喷墨染料、染料敏化太阳能电池、人工光合作用、光电材料、生态纺织染料等领域，揭示染料分子结构与性能关系的规律、实现染料分子功能强化。

（2）精细化工新材料：开展精细高分子等特殊功能材料和无机功能研究，从分子设计、结晶性能调控、介观结构创新出发，着力研发高立构规整性二氧化碳共聚物、耐温杂萘联苯聚芳醚腈砜树脂、高性能化特种阻尼橡胶和碳素材料、硼镁氟等高新技术用精细化学品。

（3）精细化工清洁制备技术：聚焦精细化工中的分子活化和界面作用调控，通过模拟酶活性中心和酶作用微环境，研究复杂分子在温和条件下的选择性催化合成、高效分离纯化、能量质量梯级利用及过程耦合，实现精细化工清洁制备和节能降耗。

（二）海岸和近海工程国家重点实验室

海岸和近海工程国家重点实验室于1986年由国家计委批准筹建，1990年通过国家验收后被批准对国内外开放，1994年、1997年、2003年、2008年、2013年、2018年六次通过国家科技部组织的评估。现任实验室主任为程亮教授，实验室第七届学术委员会主任为李华军院士。

实验室现有固定人员112人，包括中国科学院院士2人，中国工程院院士2人，国家千人计划入选者2人，国家杰出青年基金获得者A类9人、B类2人，长江学者特聘教授7人、百千万人才工程国家级人选3人，国家优秀青年基金获得者6人，教育部跨世纪人才3人、新世纪人才13人，全国百篇优秀博士论文奖获得者2人、提名奖获得者2人。

实验室主要研究方向为：

（1）海岸和海洋动力环境及作用；

（2）海岸和海洋岩土工程；

（3）海岸和海洋工程结构；

（4）海岸和海洋工程防灾减灾；

（5）海岸和海洋工程实验模拟技术。

拥有两个国家级创新研究群体：滕斌教授为学术带头人的“海洋环境灾害作用与结构安全防护”创新团队；李宏男教授为学术带头人的“工程安全与监控”创新团队。

近5年，实验室承担各类科研项目891项，其中：“973计划”首席3项，课题16项，“863计划”课题3项，国家科技重大专项子课题5项，国家重点研发计划项目3项，课题21项，国家科技支撑计划项目1项，课题7项，国家自然科学基金委重大研究计划集成项目1项，国家创新研究群体科学基金2项，国家自然科学基金206项；获得国家科技进步二等奖4项，技术发明二等奖1项，自然科学二等奖1项，省部级科技奖励54项；出版学术专著42部，发表学术论文2198篇，其中SCI

收录 668 篇，EI 收录 996 篇；发明专利授权 88 项，实用新型专利授权 101 项。

实验室规章制度健全，管理运行规范，实验设备先进，始终站在学科前沿，探索海岸、近海、深海工程领域的新理论、新方法、新技术，是我国港口、海岸及近海工程的重要研究基地。

近 5 年，共获得科研成果奖励 37 项，其中：国家科技进步二等奖 4 项（第一单位 3 项、第二单位 1 项）；省部级科技进步特等奖 2 项（第二单位 1 项、其他 1 项），省部级自然科学一等奖 3 项（第一单位 1 项、第二单位 1 项、其他 1 项），省部级科技进步一等奖 11 项（第一单位 6 项、第二单位 2 项、其他 3 项），省部级自然科学二等奖 5 项（第一单位 3 项、第二单位 2 项），省部级科技进步二等奖 11 项（第一单位 6 项、第二单位 1 项、其他 4 项）；国家教学成果二等奖 1 项（第二单位）。

近 5 年，共发表学术论文 2136 篇，其中：国际期刊论文 363 篇，国内期刊论文 1588 篇，国际会议论文 132 篇，国内会议论文 53 篇；被 SCI 收录 399 篇，EI 收录 1309 篇，EIPageOne 8 篇，ISTP 收录 104 篇。

近 5 年，共出版学术专著 17 部，已授权发明专利 43 项，授权实用新型专利 27 项，拥有软件著作权 15 项。

（三）轧制技术及连轧自动化国家重点实验室

轧制技术及连轧自动化国家重点实验室简称 RAL，前身是建于 1950 年的东北工学院轧钢实验室，在老一代学长们的艰苦努力下，稳步发展，实力渐强。1989 年得到世界银行的支持，踏上建设国家重点实验室之路。1995 年，通过国家验收，成为我国轧制技术及其自动化领域唯一的国家重点实验室。进入 21 世纪，RAL 加快了发展步伐，规模扩大，水平提高，正在朝着成为本领域科研国家队的目标前进。

埋头苦干，厚积薄发。RAL 学人秉承老一代的学术传统，在科研和教学实践中逐渐形成了自己的特色文化：汇聚团队，开拓创新，躬行实践，争创一流。通过承担国家、地方和行业的重大项目，培养国家紧缺的高层次人才和广泛开展国内外学术交流，RAL人找到了自己的位置，在同行中留下了真诚、友善、踏实、干练的良好印象。

围绕钢铁生产的国家目标，RAL确定了新的研究方向：金属材料高质量、低成本轧制过程；加工过程材料组织性能演变的模拟、预测与控制；材料成型过程综合自动化；材料的先进制备技术及高性能材料。

RAL有一支以中国工程院院士王国栋教授为学术带头人的结构合理、求真务实、精干高效、学科交叉、勇于创新的高水平科研团队。现有教职工89人，其中专任教师66人，实验研究系列16人。专任教师中，教授21人，副教授33人，讲师12人；中国工程院院士1人，国家“万人计划”领军人才1人，“青年千人”1人，“优青”2人，科技部“中青年科技创新领军人才”1人，教育部新世纪人才3人，辽宁省“兴辽英才计划”创新领军人才1人，辽宁省“兴辽英才计划”青年拔尖人才2人，辽宁省“百千万人才工程“百人层次”11人。

RAL国家重点实验室现有科研、办公、实验用房7000多平方米，建有“工艺过程模拟与优化研究平台”“金属组织与性能检测研究平台”和“控制系统参数检测与调试研究平台”。现有特色轧制研究设备14台套，并有齐全的、与之相配套的实验与检测设备，能够满足高水平工艺研究、品种开发和控制系统研究的需求。

RAL实行“开放、流动、联合、竞争”的运行机制，通过设立开放课题、建立访问学者制度、与国内外知名公司及研究单位成立联合研究室，吸引国内外学者来实验室开展合作研究。积极开展学术交流活动，每年邀请多名国内外专家来实验室交流讲学，派人员出国访问、考察、出席国际会议，主持召开专题国际研讨会。实验室的知名专家教授经常深入现场，到企业举办专题学术报告会、技术讲座、开展学术技术交流，进行课题攻关。从生产实践中发现问题，上升到理论高度开展研究，促进研究成果尽快转化为生产力。

RAL 积极组织、承担各类国家重大、重点研究开发项目，近年来主持 3 项“十三五”重点研发计划项目，承担多项“十三五”重点研发计划项目、“863 计划”项目、“973 计划”项目、国家自然科学基金项目、国家攻关计划项目等。主持横向科研项目近千项，科研合同额接近 30 亿元。这些项目体现了我国在材料冶金领域里的国家目标，对国民经济发展具有重要作用。近年来获得国家科技进步奖 11 项，国家技术发明奖 1 项，省部级科学技术奖 95 项，发表研究论文 4500 余篇，出版著作 71 部。获得发明专利 347 项，实用新型专利 50 项。

RAL 在国内外钢铁领域的影响不断增强，成为促进我国轧制技术发展和钢铁工业进步的有生力量。

二、国家级工程技术研究中心

表 4–12　辽宁省国家级工程技术研究中心情况

序号	平台名称	依托单位	所属领域	所在地	批建时间
1	国家催化工程技术研究中心	中国科学院大连化学物理研究所	新材料	大连市	1993 年
2	国家中成药工程技术研究中心	辽宁华润本溪三药有限公司	生物医药	本溪市	1994 年
3	国家冶金自动化工程技术研究中心沈阳分中心	东北大学	装备制造	沈阳市	1997 年
4	国家电站燃烧工程技术研究中心	辽宁中电投电站燃烧工程技术研究中心有限公司	节能环保	沈阳市	1997 年
5	国家金属腐蚀控制工程技术研究中心	中国科学院金属研究所	新材料	沈阳市	1997 年
6	国家数字化医学影像设备工程技术研究中心	东软集团股份有限公司	装备制造	沈阳市	2000 年

续表

序号	平台名称	依托单位	所属领域	所在地	批建时间
7	国家真空仪器装置工程技术研究中心	中国科学院沈阳科学仪器股份有限公司	装备制造	沈阳市	2000 年
8	国家稀土永磁电机工程技术研究中心	沈阳工业大学	装备制造	沈阳市	2002 年
9	国家金融安全及系统装备工程技术研究中心	聚龙股份有限公司（原辽宁聚龙金融设备股份有限公司）	装备制造	鞍山市	2009 年
10	国家大型轴承工程技术研究中心	瓦房店轴承集团有限责任公司	装备制造	大连市	2009 年
11	国家风电传动及控制工程技术研究中心	大连华锐重工集团股份有限公司	装备制造	大连市	2011 年
12	国家海洋食品工程技术研究中心	大连工业大学	农业	大连市	2013 年

（一）辽宁省精细化工产业共性技术创新平台

2014 年，辽宁省精细化工产业共性技术创新平台由辽宁省科技厅、大连理工大学、企业科研院所等多方参加建设，依托大连理工大学精细化工国家重点实验室和辽宁省精细化工工程技术中心，建立以效益为核心的多元化用人模式和目标考核机制，组织构建“核心层—紧密层—松散层”的校企合作联盟，实现校企间资源有效整合与共享共建，以辽宁省 30 余家精细化工骨干企业技术升级为目标，开展关键共性技术攻关和服务。2015 年 12 月，长兴岛管委会与大连理工大学签订合作协议，在长兴岛经济区共建平台。

平台围绕辽宁省精细化工产业开展高功能精细化工产品、硼镁氟特色精细化工产品、精细化工清洁制备三大发展方向的关键共性技术和前瞻性技术的研发，力争成为综合实力和技术研发水平国内精细化工领先的创新型组织，实现校企间资源有效整合与共享共建。

平台建立集科学研究、产品开发、技术咨询、技术服务、成果转化、人才培养、创新创业等功能于一体的高端服务体系，支撑学校一流学科建设，引领辽宁省精细化工产业技术的创新与发展，促进和带动相关产业集群的集聚，成为区域经济发展的助推器。

平台为非独立法人二级科研机构，依托于大连理工大学和长兴岛管委会。平台下设执行委员会和专家委员会。长兴岛管委会组建平台服务公司为平台建设提供强有力的保障措施。

一是平台依托大连理工大学的1个国家重点实验室、辽宁省精细化工工程中心和大连长兴科创企业服务有限公司建设，大连长兴科创服务有限公司、大连理工大学及合作大学和研究院所向平台提供其日常办公场地、图书信息、试验场地、基础实验设备等条件；有计划实现校企间资源有效整合与共享共建，企业开放加工检验、产品生产等资源。

二是探索建立人事管理“改革试验区”。建立“多元化”用人模式和目标考核机制。以用人效益为核心，“不求所有，但为所用，以用为本”，凝聚一支全职、兼职与短期合作多种工作方式并存、事业编制与非事业编制多种体制人员并用的多元化用人模式。平台工作人员实行目标考核机制，可自主建立各类人员的考核办法，依据合同对相应人员进行考核和管理。

三是建立校企合作联盟。紧密围绕平台的建设目标和相关共性技术，组织构建“核心层—紧密层—松散层”的校企合作联盟，进一步凝练平台的技术方向。建立校企协议体系和管理制度，以更好地明确技术发展方向、扩大技术服务范围、提高技术服务水平，同时降低服务成本。

四是强化科研管理模式创新。平台科研任务强调通过校企科研深度融合方式，携手攻克行业与产业难题；平台多学科交叉、规范管理和实时绩效，鼓励校企联合承担国家部委的重大科研任务，协调好成果与知识产权的校企权益归属。

平台已于2017年11月9日正式开园，首批入驻12个项目均有自主知识产权，达到国际领先水平。计划在2~3年内完成中试实验，实现产业化，预计产值将在10亿元以上。

平台将紧紧围绕我国在能源、新材料、健康等方面的重大需求，探索高等学校可持续创新的长效机制和企业原始创新能力快速提升的新途径，突破高端精细化学品核心共性技术，研制出功能精细化学品，打破国外垄断，会聚和培养精细化工领军人才和高端技术人才，形成设计、开发制造交叉融合的区域精细化工学科群，成为国际知名的功能精细化学品研发与技术创新基地，显著提升辽宁省精细化工的国际竞争力，加速精细化工企业及其产品进入国际一流的先进行列，建成国内一流的精细化工协同创新团队，成为世界知名的精细化工人才培养及高端人才聚集基地，创制8~12项“中国第一”的精细化工新产品，助推3~5家先进精细化工企业进入世界行业前三强，服务辽宁省精细化工重点企业50余家，提升辽宁省精细化工产品档次和技术水平，带动和辐射全省精细化工产业升级，提高辽宁省精细化工率5%。

（二）辽宁省水污染防治产业共性技术创新平台

辽宁省水污染防治产业共性技术创新平台由沈阳化工研究院有限公司牵头、辽宁省内科研院所及环保企业2015年7月共同组建。在辽宁省科技厅的指导和参与单位的共同努力下，平台开展了组织机制、基础设施建设、科技引领等方面的工作，并对辽宁省内的环保问题进行技术服务和支撑。

平台以共性科技项目的实施支持、培育、引领和带动辽宁省水污染防治产业的发展，重点是开展具有产业化前景的关键共性技术、环保装备的研发。

平台围绕辽宁省水污染防治产业经济发展，着力解决辽宁省水污染防治产业发展中遇到的关键性技术瓶颈问题。以工业污染防控共性技术的研发作为平台的近期主要研究方向。以工业废水治理技术为突破口，重点研究高级氧化和生物强化等关键共性技术，解决难降解有机废水治理技术难题。在技术创新的基础上进行环保装备的模块化、标准化和系列化等产业化研究。建设示范工程，通过示范形成污染防治技术与装备的产业化，并在平台企业内推广应用。

平台建设初期依托沈阳化工研究院设计工程有限公司组建平台，然后按照实体机构的原则来运行，在适当的时候注册成立专门的法人单位，以辽宁省环保企业和政府为服务对象，以共性技术为主要服务内容，可以提供资源共享、信息服务、技术咨询、污染物检测、人才培训、技术扩散和研究开发等方面共享技术支持的开放式服务机构。

平台将按照“开放合作、资源共享”的原则，面向省内企业、科研单位、高等院校等用户开放，开展科学研究和技术交流。实行研究内容、研究人员、研究经费、研究场地、仪器设备等要素的全方位开放、流动、择优的运行机制，最大限度地发挥平台的创新能力和服务能力，努力发展成为代表辽宁省最高水平、高度共享、功能强大的共性技术支撑和服务平台，成为促进省内外科研合作、新产品开发的发源地，为产业技术创新平台的建设提供条件保障，为辽宁省环保产业的进步与持续发展提供有力支撑。

平台管理采用多级监督自治机制：决策层、管理层和服务层组成的内部管理体制和客户评价体系、第三方监督体系构成的监督机制。平台管委会行使平台自主管理权力，是平台的决策机构，具体负责平台的运行和管理；技术专家委员会负责技术决策咨询；环保企业委员会负责平台商业发展策划等工作。共性技术平台的客户通过评价、投诉、回访系统而监督平台运行。

平台建立后能形成环保技术研发过程各环节共性技术服务能力，为企业提供技术服务。同时为企业提供一流的研究、开发、试验和检验条件，接受国家、行业或部门、地方，以及企业、科研院所和大专院校等单位委托的工程技术研究、设计和试验及检验任务。平台在提供技术开发与技术咨询等服务的同时，依托平台技术信息数据库为会员单位提供全方位的环保技术信息服务和环境污染物检测等服务。平台通过与企业的深度合作，为其提供从环境科学到环保技术和装备制造等环保产业相关的培训服务，在辽宁省内环保产业中培养技术研发和产业化人才。

平台经费总额 9000 万元，其中申请财政资助 300 万元，吸引企业投入和风险投资 6000 万元，分别用于基础设施建设、科研仪器购置、科技研发以及产学研合作等方面。第一年度 3600 万元，第二年度 2700 万元，第三年度 2700 万元。

未来 3 年，平台围绕工业污染防治，重点突破废水、废气等领域的关键共性技术和环保装备制造难题。通过产业化项目的开发，平台可形成达到国内先进水平、可工业化应用技术和成套装备 8~10 项（套），在辽宁省内和国内环保产业产生重要影响，实现直接和间接经济效益 20 亿元以上。依托辽宁省内环保企业，建设共性技术示范工程 8~10 个，带动辽宁省环保产业发展，促进技术的产业化、规模化和技术成果的快速转化。

平台建立后能形成环保技术研究过程各环节共性技术服务能力，为环保企业提供全方位服务。平台积极争取科研经费，扩展经费来源，逐步实现自负盈亏、良性循环。平台通过与企业的深度合作，开展多种形式的培训与技术交流，在辽宁省内环保产业中逐渐培养起一批技术研发和转化人才。最终建成一个富有活力、创造力的环保共性技术创新平台，从多方面促进辽宁省环保产业快速、健康发展。

（三）辽宁省海产品精深加工产业共性技术创新平台

辽宁省海产品精深加工产业共性技术创新平台（以下简称“平台”）依托于大连工业大学，是 2015 年 6 月由辽宁省科学技术厅批准组建（辽科发〔2015〕34号)。以国家和辽宁省中长期科技规划为导向，以攻克海产品精深加工产业共性技术为攻关目标，以现代海产品高质化精深加工研究、海洋生物活性物质高值化综合利用研究、海洋食品质量与安全控制研究、海洋食品加工技术与装备开发及产业化的开展研究。平台主任为大连工业大学朱蓓薇院士。平台实行管理委员会领导下的主任负责制，主持平台全面工作，并向依托单位提名推荐平台副主任和技术委员会成员人选。平台在技术委员会的监督下建立健全内部管理规章制度，并保证其健康运行。

平台现有人员65人，下设研究团队8个。其中高级职称37人、中级职称25人、平台现有博士后研究人员13人、国内访问学者2人、在读博士留学生1人、在读博士研究生16人、在读硕士研究生140余人。包括中国工程院院士1名、国务院特殊津贴4人、国家百千万人才工程入选者1人、国家级有突出贡献中青年专家1人、教育部新世纪优秀人才1人、中国科协“青年人才托举工程”1人、辽宁省高等学校攀登学者1人、辽宁省领军人才1人、辽宁省特聘教授4人、辽宁省普通高等学校专业带头人1人、辽宁省“百千万人才工程”百人层次7人、辽宁省“百千万人才工程”千人层次3人、大连市领军人才1人、大连市有突出贡献专家1人。聘请客座人员49人，其中来自美国加州大学戴维斯分校等国际知名教授27人。

平台成立以来，主持承担国家重点研发计划重点专项、国家“863计划”项目、国家自然科学基金等省部级以上纵向项目50余项。申请国家发明专利100余件，获授权发明专利20余件。发表SCI收录论文80余篇。获得辽宁省科技进步一等奖1项、辽宁省自然科学奖二等奖1项、高等学校科学研究优秀成果奖科学技术进步二等奖1项、大连市科学技术进步一等奖和二等奖各1项。平台通过各种方法服务企业数量达到220家，产学研合作项目8项。技术辐射全国的四大海域以及20个省市，并建立产业化基地。产品的品种包括海参、虾类、鱼类、鱿鱼、贝类等多种多样。发起成立联盟4个，参与联盟1个。

（四）国家真空仪器装置工程技术研究中心

国家真空仪器装置工程技术研究中心（以下简称“工程中心”）是依托中国科学院沈阳科学仪器股份有限公司组建的我国真空技术领域唯一的工程技术研究中心。工程中心2000年经国家科技部批准组建，2003年通过国家科技部验收，在当年验收的国家工程技术研究中心中排名第一。

工程中心享有极高的行业地位，担任了中国真空学会/协会副理事长单位、全国真空技术标准化技术委员会会员单位、辽宁省半导体装备产业技术创新战略联盟理事长单位等重要行业职务。工程中心建立了规范的法人治理结构和完整的现代化企业管理体系，在内部全面推行7S现场管理模式、ISO9001国际质量体系、ERP，为工程中心的可持续发展奠定了必要的基础。

工程中心以高真空、超高真空、超洁净真空技术为基础，主要研制生产薄膜材料/纳米材料/半导体材料制备设备、空间环境模拟装置、真空冶金设备、真空获得设备以及高档真空部件，是我国真空设备和高档科学仪器的重要研制、生产基地。通过持续不断地将具有重要应用前景的科技成果进行系统化、工程化研究开发，建立科技成果向生产力转化的中间环节，加快科技成果产业化进程，不断推出具有高增值效益的系列产品，带动真空行业、领域的科技进步和国家战略性新兴产业的发展。

工程中心占地面积110亩，建筑面积3.5万平方米，拥有完备的工程技术综合配套试验条件，建有7000平方米的洁净装调间、200平方米的万级洁净实验室和特种工艺清洗线，拥有先进的加工和检测试验设备100多台套，在加工、焊接、化学抛光、真空除气、清洗、喷砂等方面具有明显优势。

工程中心培养锻炼了一支国内一流的工程技术研究开发、设计和试验专业人才队伍，其中专职研究开发人员 115 人，研究开发实力雄厚。工程中心长期致力于从事开放性服务，先后承担并出色完成了国家“863 计划”、科技支撑计划、仪器专项、“02”专项、国家高技术产业化项目计划、地方科技计划等一系列国家、地方及行业重大科研任务，攻克了 IC 成膜、超洁净真空获得、真空动密封等制约我国半导体、太阳能光伏、航空航天及科学研究等高端领域发展的共性关键技术，研制开发出了平板式太阳能电池覆膜设备、系列罗茨干泵、系列涡旋干泵、系列溅射离子泵、超洁净真空闸板阀等一批具有国际先进、国内领先水平的高技术产品；接受委托，为国内外科研院所、大专院所及高技术企业提供各类高端科研仪器设备 2000 多台套，促进了我国科研事业的发展；承担了载人航天工程、上海三代光源工程等国家重大基础设施关键核心部件的研制开发任务，为国家重大工程建设做出了卓越贡献；先后获得国家科技进步特等奖、一等奖、二等奖十余项，中科院科技进步奖近 50 项，地方及行业奖项几十项。

目前，工程中心已发展成为一家发展方向明确，具备稳定收入来源，拥有国内一流的工程技术研究开发、设计和试验专业人才队伍，具有较完备的工程技术综合配套试验条件，能够提供多种综合性服务，与相关企业紧密联系，同时具有自我良性循环发展机制的科技开发实体。

（五）国家金融安全及系统装备工程技术研究中心

国家金融安全及系统装备工程技术研究中心（以下简称“中心”）于 2009 年 8 月 11 日通过了国家科技部组织的可行性论证，2009 年 9 月 11 日通过了国家科技部组织的综合评审答辩，2009 年 10 月 30 日获得国家科技部批复（国科发计〔2009〕605 号），开始正式组建。在“中心”依托单位聚龙股份有限公司和共建单位辽宁科技大学的共同建设下，于 2012 年 12 月提前通过国家科技部的验收评估（国科发计〔2012〕1215 号文件），正式定名为“国家金融安全及系统装备工程技术研究中心”。

“中心”根据金融安全装备领域的技术发展趋势，以国家中长期科技发展纲要和相关产业政策为指导，针对我国金融安全和金融装备领域的市场需求，开展综合基础条件建设，并进行相关基础性研究和应用技术研究，深入探讨自主创新和产学研合作机制，开发具有世界先进水平的高精度、自动化、多功能金融机具系列化产品，加快成果转化，加快新技术的辐射和传播速度，为金融机构、商业流通等领域提供具有高精度货币反假能力、满足货币流通业务需求的智能化、集成化解决方案，较好地满足货币安全、金融信息化和自动化的要求，同时探索新的人才培养模式，提高行业的技术水平和人员素质，促进我国金融装备行业健康、有序地发展。

“中心”先后与韩国 LG、日本富士通和罗姆等 23 家国内外企业，大连理工大学、武汉大学等 8 所科研院所和 6 个行业联盟建立了密切的“产学研用”创新运行机制和优势互补、利益共享、风险同担的战略合作伙伴关系，拥有行业唯一的 1 个博士后科研工作站；“中心”现拥有固定人员 200 多人，其中教授、博士等高级专家 56 人；“中心”研发团队先后荣获“全国专业技术人才先进集体”和“‘十一五’国家科技计划执行优秀团队奖”。

“中心”自组建以来，先后承担了国家科技支撑计划、国家电子信息产业发展基金、国家物联网发展专项、国家火炬计划、国家重点新产品计划项目、辽宁省科技攻关计划、辽宁省引进海外研发团队项目等国家、省部级科研项目 30 多项。共获得授权国家发明专利 24 项，受理国家发明专利 27 项；授权实用新型专利 60 项，受理实用新型专利 3 项；计算机软件著作权登记 22 项。参与起草发布国家强制性标准 1 项，行业标准 1 项，制（修）定企业产品标准 30 多项，获得人民币鉴别仪产品生产许可证。先后荣获辽宁省科技进步一等奖 1 项、辽宁省企业重大研发成果奖1项、辽宁省科技进步二等奖5项、辽宁省科技成果转化二等奖1项、辽宁省科技进步三等奖1项、辽宁省优秀新产品奖一等奖4项、中国设计红星奖银奖1项；有8项成果通过辽宁省科技成果鉴定，8项成果通过辽宁省新产品鉴定。

（六）国家数字化医学影像设备工程技术研究中心

国家数字化医学影像设备工程技术研究中心（以下简称"中心"）依托单位为东软集团股份有限公司，于2000年6月批准组建，2004年11月通过国家科技部验收。东软集团还拥有软件架构国家重点实验室和计算机软件国家工程研究中心，以此为依托，承担了"973计划"、国家自然科学基金、科技重大专项、科技攻关/科技支撑计划、"863计划"、电子信息产业发展基金等百余项科研课题，获得国家、省市科技成果与产品奖励70多项。

1. 工程化研发方向

"中心"定位成为国际一流的数字化医学影像设备技术创新基地，产学研结合的科研成果孵化和产品化基地，高级研究和管理人才培养基地，面向行业的开放服务基地。"中心"通过研究开发数字化医学影像设备共性的、关键性的、前沿性的技术和支持产品设计与生产的关键技术，确保技术的持续性和稳定性，保持数字化医学影像设备研发水平与世界先进水平同步。研发方向包括：医学信息智能计算、CT、磁共振、X线机、PET、远程医疗。

2. 工程化人才队伍

"中心"在人才队伍建设方面，中心逐步构建了一支多学科、跨领域、多层次的研发和管理团队。选择管理经验丰富的专家组建领导班子，如长期从事医学影像计算基础研究的赵大哲教授、曾负责我国首台CT核心软件研究的江根苗研究员、长期从事生物医学成像技术和医学智能辅助技术研究的康雁教授担任副主任、分管中心各项工作；聘请多名数字医疗设备领域的知名专家如俞梦孙院士、陶祖莱教授、卜绮成研究员、杨国忠研究员等担任工程技术委员会顾问。为了推进各项工作高效开展，“中心”特别重视人才队伍的结构优化，搭建研发梯队，带动青年员工迅速成长，目前，“中心”已形成了老中青结合，以中青年为主体的管理和技术团队。

3. 工程化设施设备

“中心”拥有完备的设备仪器，这些设备能够很好地支撑高端医学影像设备（如 128 层螺旋 CT、PET/CT）的研发及验证测试，在行业内领先水平。主要包括逻辑分析仪、数字存储示波器、多媒体显微镜、平面板 X 射线探测器、数字荧光示波器、医学影像验证设备（如 CT、MRI、数字 X 光机、彩色超声波诊断仪）以及高性能的服务器与存储设备等。

4. 工程化研发成果与推广应用

“中心”已成功研发高性能、高稳定性、低消耗、易操作、低维护成本的具有自主知识产权的 128 层 CT，主要性能和技术指标将达到国际同类产品的先进水平。本产品已经通过临床检验，取得了相关注册，并将实现市场销售。

作为目前 CT 领域“中国智造”最高水平的中心新型 128 层螺旋 CT，打破了国外对中高端 CT 设备的长期垄断，标志着中国 CT 制造技术迈入国际先进行列。

5. 成果获奖

2015 年，《普适计算软硬件关键技术与应用》项目荣获国家科学技术进步二等奖；《多模态医学数据管理与分析关键技术及应用》项目荣获辽宁省科学技术进步一等奖。

6. 产学研合作

“中心”注重开发式创新，与美国杜克大学、纽约石溪分校、宾夕法尼亚大学、荷兰埃因霍温科技大学、日本岐阜大学、加拿大 Alberta 大学、中山大学、东北大学、中国图象图形学学会、中国生物医学工程学会等建立了良好的合作关系与学术交流活动。通过与国内外技术交流合作，充分了解国际最前沿的研究发展状况，为中心确定技术研发目标起到重要作用。

由此可见，辽宁省高校与企业和科研院所已基本上形成以高校的各类科技平台为载体，以各类协同创新中心为依托，以各类技术创新战略联盟为主要形式的高校科技创新体系。同时，各个平台也在竭力发挥自身在产学研协同创新项目中的重要作用，为高校承担国家级科学基金项目等做出突出的贡献。辽宁省产学研协同创新科技平台的良好发展是构建产学研协同创新项目管理体系强有力的保障。

三、国家级高新技术产业开发区

表 4–13　2014 年辽宁省国家级高新技术产业开发区企业主要指标

	企业数（个）	从业人员（人）	总收入（万元）	出口总额（万美元）
合计	2811	568673	84092973	1400981
沈阳国家高新技术产业开发区	841	153316	18870118	335438
大连国家高新技术产业开发区	803	195130	24163758	623016
鞍山国家高新技术产业开发区	554	88439	23134159	133094
营口国家高新技术产业开发区	275	46287	5205319	114149
辽阳国家高新技术产业开发区	42	38020	8575039	169958
本溪国家高新技术产业开发区	114	23094	2346830	8077
阜新国家高新技术产业开发区	182	24387	1797750	17249

2014 年，辽宁省高新技术园区的企业发展情况见表 4–13，在辽宁省的 7 个高新技术产业开发区中，企业总数已达 2811 个，从业人员 568673 人，总收入达 8409 亿元以上，出口总额占总收入的 11% 左右。辽宁省高新技术

产业区的蓬勃发展，不仅带动了辽宁省中小企业的发展，也为辽宁省的就业人员提供更多的就业岗位，拉动了辽宁省各方面经济的发展。

（一）沈阳高新区

沈阳高新区始建于1988年，1991年经国务院批准成为首批国家级高新技术产业开发区，区域总面积170.3平方千米。位于沈阳市东南部，地处沈阳经济区核心，是连接沈阳市与辽宁省中部城市群的重要交通枢纽，域内拥有东北最大的航空港——沈阳桃仙国际机场、东北最大的高铁站——沈阳南站、正建的“沈阳—营口—大连”陆海联运“沈阳港”；沈大、沈抚、沈丹等6条高速公路贯穿全域；地铁、公交、现代有轨电车实现无缝对接，形成了四通八达的立体交通体系。区内建有国内规模最大、全国领先的地下综合管廊，基础设施配套完备。2019年，沈阳高新区实现地区生产总值557亿元，同比增长16%；公共财政预算收入87.51亿元，同比增长10%。2018年火炬统计企业研发投入24.13亿元，占地区生产总值5%。根据科技部最新通报评价结果，在全国169个国家高新区中，沈阳高新区位居第37名，上升2名。

1. 主导产业

沈阳高新区作为国家级高新区，是中国（辽宁）自由贸易试验区沈阳片区核心区、沈大国家自主创新示范区核心区，东北首批国家级区域双创示范基地。重点发展智能制造、新能源汽车、生物医药与健康医疗等产业，建成机器人、数字医疗设备、IC装备制造、新能源汽车、智能网联、生物医药、互联网+医疗健康等一批全国重要的高新技术产业化基地和创新型产业集群。工业机器人产业创新能力和产业规模居全国之首，IC装备产业综合实力位列全国三甲，电子商务基地在全国百家基地综合实力评比中位列第二。2019年，该区智能制造产业规模以上企业实现产值309.3亿元，新能源汽车产业规模以上企业实现产值84.7亿元，生物医药与健康医疗产业规模以上企业实现产值81.2亿元。

2. 骨干企业

沈阳高新区拥有各类企业33738家，其中，规模以上企业193家，高新技术企业534家，上市企业6家。新松机器人成为2019中国品牌强国盛典十大年度新锐品牌、工信部制造业融合发展试点示范企业；东软集团获批区块链专业技术创新中心，芯源微电子设备有限公司科创板上市，成为中国半导体光刻设备上市“第一股”。富创精密、华域建筑设计、东软威特曼、中科韦尔腐蚀、普泰安科技5家企业入选2019年国家高新区瞪羚企业名单。

3. 创新平台

拥有重点实验室72家、省级以上65家，企业技术中心60家、省级以上43家，研究（创新）中心94家、省级以上87家，新型研发机构16家、省级以上9家，产业技术创新综合服务平台7个，产业技术创新战略联盟16个。布局打造沈阳（浑南）科技城，建设了国家机器人创新中心、沈阳材料科学国家研究中心、国科大机器人与智能制造学院等一批重大创新平台。

4. 创业生态

沈阳高新区现有创新创业孵化载体65家，其中国家级孵化器、众创空间达19家，孵化场地面积达180万余平方米，在孵企业及创业团队3700余家，集聚创新创业人员4.5万人，重点孵化优质企业896家，累计毕业企业386家，上市公司8家。发展科技服务业机构达到605家，从业人员2.6万人。出台了《沈阳高新区产业政策20条》《打造“科技资源支撑型”特色载体推动中小企业创新创业升级专项资金管理办法》等政策，成立盛京基金小镇，吸纳近30家基金公司入驻。突出打造“创响中国”品牌活动影响力和带动力，系统策划组织会展、论坛、培训、赛事、路演等双创活动260余场次，参与人数逾15万人。中国青创社区沈阳站、科技领军人才创新驱动中心落户运营，创响中国浑南站入选全国十强，国家双创示范基地两个典型经验在全国推广。

（二）大连高新区

大连高新区是1991年经国务院批准建立的首批国家级高新区，位于大连市区西南部，占地153平方千米，管委会为市政府独立派出机构。高新区先后被授予“沈大国家自主创新示范区”“国家软件产业国际化示范城市”“国家创新型特色园区”和“国家级文化和科技融合示范基地”等称号，双创工作受到国务院通报表彰。2018年，大连高新区实现地区生产总值325亿元，同比增长6.5%；公共财政预算收入30.9亿元，同比增长15.1%；研究与试验发展经费达到12亿元，占地区生产总值4%；有研发人员2.9万人，同比增长35.5%；拥有有效发明专利4670件，同比增长19.2%。根据科技部最新通报评价结果，在全国157个国家高新区中，大连高新区位居第16名，较2017年上升2名。

1. 主导产业

大连高新区以软件和信息技术服务外包为主导，发展以智能科技、生命科学、洁净能源、海洋科技等为特色的新兴产业。大连高新区规划建设有大连软件园、七贤岭现代服务业核心功能区、河口国际软件园、黄泥川·天地软件园和华信软件园等多个专业软件园，已经拥有2000余家软件和信息服务企业，建设了大连理工大学软件学院和民办东软信息学院，吸引IBM在大连高新区设立了其在中国最大的创新中心，集聚软件人才达16万人，产业发展不断向大数据、云计算、工业互联网等领域广泛延伸。2018年，软件和信息服务产业营业收入超过千亿元；智能科技产业集群销售收入298.3亿元，同比增长15%；洁净能源产业集群实现销售收入4.7亿元，同比增长14.9%；智能科技、洁净能源等新兴产业集群形成规模。

2. 骨干企业

大连高新区拥有各类企业12310家，其中，高新技术企业480家，规模以上企业450家，上市企业2家。华录集团、华信计算机、埃森哲、华录松下等18家企业年实现销售收入超10亿元。芯冠科技荣获中国创新创业大赛国际第三代半导体专业赛（南部赛区）企业组一等奖，英特仿真荣获第三届中国军民两用技术创新应用大赛“技术创新类银奖”。德豪光电、科德数控、中冶焦耐、华录智达、凯特利催化、楼兰科技、心医国际、贝斯特等19家企业入选2018年国家高新区瞪羚企业名单。引进了IBM、惠普、爱立信、戴尔等世界500强企业超过100家。

3. 创新平台

大连高新区建成省级及以上工程技术研究中心数量达到13家，其中，国家工程技术研究中心2家、国家工程研究中心3家；国家工程实验室1家（中科院大连化物所）、国家地方联合工程研究中心13家。建设企业技术中心73家，其中，省级及以上企业技术中心13家，国家认定企业技术中心1家，即中国华录集团有限公司技术中心。此外，高新区还拥有外资研发机构2家，新型产业技术研发机构1家，其他国家级研发机构4家。重点布局建设了智能装备技术创新中心、新材料和清洁能源技术创新中心、集成电路设计和信息安全技术创新中心、生物医疗技术创新中心等重点科技基础设施。

4. 创业生态

大连高新区出台了“创新十条”“众创十二条”“金融八条”“海创工程”“科创工程”等创新政策，打造了科技、产业、双创、人才、金融全链条政策体系。建设科技企业孵化器14家，其中，留学生创业园1家，省级以上科技企业孵化器7家。众创空间33家，其中科技部备案的众创空间有15家。科技企业加速器11家，面积超过40万平方米。建设科技金融大厦和双创金融小镇等，设立股权投资机构51家。发展科技服务业机构达到51家，从业人员1.8万人。成功举办19届海创周活动，现已成为国家级招才引智平台，李彦宏、邓中翰等5000余名海外学子通过中国海创周回国创业，创办企业3800余家。

（三）鞍山高新区

鞍山高新区是1992年经国务院批准建立的国家级高新区，区域面积122平方千米，管委会为市政府派出机构。高新区相继获批国家柔性输配电及冶金自动化装备特色产业基地、国家火炬激光科技特色产业基地、国家创新型产业集群试点单位、国家科技服务业区域试点单位、国家首批产业转型升级示范园区、国家第二批“双创”示范基地及“科技资源支撑型”双创升级特色载体。2019年，鞍山高新区实现地区生产总值77亿元，同比增长8%；公共财政预算收入完成8.93亿元，同比增长16.2%；规模以上工业增加值完成32亿元，同比增长15%；固定资产投资总额完成37亿元，同比增长26%。在全国169个国家高新区中，鞍山高新区位居第55名，较2018年上升3名。

1. 主导产业

高新区以自动化及控制系统产业、矿山冶金产业和激光为引领的新一代信息技术产业为主导产业，重点发展激光及新一代信息技术、高端装备制造和新能源电池等新兴产业。自动化及控制系统产业以聚龙股份、森远股份、荣信汇科、中新股份、宏源环能等企业为龙头，聚集近百家企业；矿山冶金产业以鞍千矿业和关宝山矿业为主；激光为引领的新一代信息技术产业以创鑫激光、新光台、云数科技、星空钠电和九夷锂能为龙头，紫玉激光、盛雄激光、海目星科技、方腾光电、大华显示等近百家配套企业形成相对完善的产业链。

2. 骨干企业

鞍山高新区有各类企业2620家，其中，高新技术企业109家，规模以上工业企业81家。先后培育出梦网荣信、聚龙股份、森远股份、亚世股份、鞍重股份、中新股份、正发股份7家上市公司。鞍千矿业、关宝山矿业、三轧公司等企业年销售收入超10亿元。梦网荣信是中国领先的云科技服务商；聚龙股份拥有行业唯一的“金融安全技术国家地方联合工程实验室”，参与了“人民币纸币鉴别仪通用技术条件”国家标准的制定；森远股份是全国建筑施工机械与设备标准化技术委员会道路养护设备工作组组长单位；荣信汇科是全球大功率电力电子装备制造领军企业；创鑫激光生产的光纤激光器在全国市场占有率达60%。亚世光电、爱母医疗等4家企业入选潜在瞪羚企业。

3. 创新平台

鞍山高新区建设了各级工程技术研究中心、研发中心及检测中心135家，其中国家级9家、省级44家。搭建了激光应用技术研发与测试平台等9个公共研发及检测平台、辽宁森远沥青路面再生等7个产业专业技术创新平台和鞍山科技大市场产业技术创新综合服务平台。组建了激光应用、柔性输配电、金融机具3个省级产业创新联盟，宏成电力、思达思克等公司建立了7家院士工作站，梦网荣信、聚龙股份等公司建立了5家博士后工作站。

4. 创业生态

鞍山高新区构建“双创”生态为特色的科技园区，推动“双创”政策落地，2019年7月获得科技部授予的“科技资源支撑型”双创升级特色载体。大力推进大连特地高校院所科技产业园双创孵化基地、清华启迪科技园（鞍山）双创孵化基地、哈工大智谷、鞍山科技大市场、创业黑马孵化加速平台、北京中关村飞地双创服务体系项目和北京山天大蓄产业孵化基地等双创平台建设。发展科技服务业机构100余家，从业人员1200人。举办创业家经验交流会、投融资政策解读等150余场创新创业活动。设立股权投资机构1家，担保机构2家，小额贷款机构3家。

（四）本溪高新区

本溪高新区是2012年经国务院批准晋升为国家级高新区，占地面积为176平方千米，管委会为市政府独立派出机构。高新区被授予“国家生物医药创新型产业集群”“国家科技资源支撑型双创载体特色园区”等称号。2018 年，本溪高新区实现地区生产总值 39.5 亿元，同比增长 7.6%；公共财政预算收入 5.8 亿元，同比增长 17.1%；研究与试验发展经费 0.5 亿元，占地区生产总值 1.4%（2017 年）；有研发人员 1471 人，同比增长 2.4%；拥有有效发明专利 182 件，同比增长 8.9%。根据科技部最新通报评价结果，在全国 157 个国家高新区中，本溪高新区位居第 126 名。

1. 主导产业

本溪高新区重点打造大健康产业，包括生物制药及疫苗、高端仿制药及化药、现代中药、医疗器械、食品和保健品、医药相关配套和健康服务等领域。围绕产业集群发展，设立了生物医药产业、科技创新、服务业发展、企业技术改造、总部企业发展 5 个专项资金，出台政策支持企业引进各类高层次人才，引进和开发医药新品种。已集聚包括上海医药、上海绿谷、日本卫材、韩国大熊等多家国内外知名企业在内的 126 个医药产业项目，获批品种 695 个，药业销售收入 10 年增长了 195 倍。2018 年，高新区生物医药产业集群实现销售收入 63.8 亿元，同比增长 9.5%，占高新区所有企业总销售收入的 79.2%。

2. 骨干企业

本溪高新区有各类企业 1167 家，其中，高新技术企业 39 家，规模以上工业企业 41 家，新三板挂牌企业 4 家。华润三药、恒康制药、绿谷制药等 15 户工业企业年销售收入超亿元，纳税超千万元企业 18 户。恒康制药的前列地尔注射液、药联制药生产的门冬氨酸钾注射液、华润本溪三药生产的气滞胃痛颗粒等 5 个药械单品种年销售收入超亿元。华润本溪三药 999 小儿感冒颗粒正式投产，中海康脂微球前列地尔通过国家药监局现场核查，上海绿谷治疗阿尔茨海默症新药完成临床Ⅲ期试验，国家食药监总局评审中心已正式承办受理上市申请。沈阳开普等 13 个项目建成投入使用，药联等 25 个项目正在加紧建设。

3. 创新平台

建设企业省专业技术创新中心14家，企业省重点实验室1家，产业技术创新战略联盟4家。重点布局建设了国家重大新药创制综合性大平台等一批重点科技基础设施。

4. 创业生态

本溪高新区出台了《关于引进医药产业高层次人才的若干规定》《关于鼓励引进和开发医药新品种的相关扶持政策》等。引进沈阳药大研究院等海内外高层次科研机构40余家，承担国家“863”“973”及国家新药创制重大专项110项，拥有在研品种374个。集聚了裴钢、丁健、贺林3位院士和国家级专家。建设中国药都创新园等众创空间、科技企业孵化器6家，入驻企业和团队218个。发展科技服务业机构达到55家，从业人员385人。举办院企对接会、生物医药创新创业大赛、投融资项目路演等10余场创新创业活动。

（五）锦州高新区

锦州高新区经国务院批准于2015年晋升为国家级高新区，占地面积为220平方千米，管委会与松山新区行政区合一。被授予“国家成果转化服务锦州示范基地”“国家汽车零部件特色产业基地”“国家产城融合示范区”等称号。2019年，锦州高新区实现地区生产总值86亿元，同比增长7.2%；一般公共财政预算收入完成7.84亿元，同比增长14.7%；拥有有效发明专利349件，同比增长13.3%。根据科技部最新通报评价结果，在全国169个国家高新区中，锦州高新区位居第126名。

1. 主导产业

锦州高新区发展生物医药、汽车零部件等主导产业。生物医药产业龙头企业有奥鸿药业、汉宝药业、凯为生物等企业，主要从事心脑血管及血液系统药物，中药、兽药等领域产品开发，2019年生物医药产业集群实现销售收入21.18亿元。汽车零部件产业龙头企业有锦恒汽车、汉拿电机等多家企业，主要从事汽车内饰、起动机、发电机等产品开发，汽车零部件产业集群实现销售收入 12.7 亿元。

2. 骨干企业

锦州高新区有各类企业 2207 家，其中，高新技术企业 30 家，规模以上企业 23 家，新三板挂牌企业 1 家。锦恒汽车、锦州汉拿电机、奥鸿药业等 30 家企业年销售收入超亿元。2011 年，上海复星医药（集团）有限公司控股奥鸿药业，奥鸿药业自主研发的核心产品奥德金（小牛血清去蛋白注射液）占同类产品市场份额的 70%，是小牛血制剂的领导品牌；产品邦亭（注射用白眉蛇毒血凝酶）在同类产品市场销售排名位居第二，是止血药领域的知名品牌。公司向中枢神经系统、抗肿瘤、心血管、儿科用药等领域深度拓展，目前获得授权专利 23 项，拥有在研品种 20 多个。2018 年天桥新材料公司被评为瞪羚企业。

3. 创新平台

建设省级工程技术研究中心 11 家、省级重点实验室 5 家、省级产业技术创新战略联盟 3 个、国家地方联合工程研究中心 1 个、省级产业专业技术创新平台 4 个。重点布局建设了华为辽宁大区（锦州）云计算中心、辽宁省精细化工产业润滑油添加剂专业技术创新平台等重点科技基础设施；政府联合企业共建中科新材料中试基地，搭建成果研发转化载体，加快新材料产业发展。

4. 创业生态

搭建众创空间、科技企业孵化器 4 家，入驻企业和团队 88 个。其中，锦州高新区创业服务中心为国家级孵化器，渤海大学海纳众创空间为国家科技部备案众创空间。高新区自主建设大学科技园，加强成果转化。建立锦州银行大学科技园小微支行，成立光大金控财经资本（锦州）有限公司，建立“科技互助贷”等，引进协成科技共享经济综合服务平台，不断完善科技金融服务体系。承办第七届辽宁创新创业大赛锦州地方赛暨第二届锦州大学科技园杯创新创业大赛、协办 2019 华为 · 锦州云产业高峰论坛等主题活动。

（六）营口高新区

营口高新区 2010 年经国务院批准晋升为国家级高新区，占地面积为 104.27 平方千米。2017 年 4 月，依托营口高新区，中国（辽宁）自由贸易试验区营口片区获得国务院批准，并挂牌成立。2017 年 12 月，国务院正式同意设立营口综合保税区，2018 年 12 月，营口综合保税区通过正式验收。营口国家高新区、营口自贸区、营口综合保税区实行“三区”融合发展，三区管委会同属一套人员管理。营口高新区是辽宁沿海经济带重点支持区域，被授予“国家安全产业示范园区创建单位”“辽宁省政府重点支持的科技特色产业基地”“科技金融试点园区”“科技服务业集聚区”“产学研示范园区”等称号。营口高新区（自贸区）以制度创新持续优化营商环境的做法得到国务院办公厅通报表扬。2019 年，营口高新区实现地区生产总值 173.6 亿元，同比增长 38.7%；财政总收入 25.05 亿元，同比增长 25%；研究与试验发展经费 19.3 亿元，占地区生产总值 12%；有研发人员 3334 人。期末拥有有效发明专利 244 件，同比增长 12%。根据科技部最新通报评价结果，在全国 169 个国家高新区中，营口高新区位居第 144 名。

1. 主导产业

营口高新区充分发挥与自贸区联动优势，重点发展新材料、装备制造等主导产业，建设旅游休闲产业集聚区、科技研发及新兴产业集聚区、制造业转型升级示范区、现代物流商贸产业集聚区、平台经济和总部经济集聚区。2019 年，钢压延加工产业集群实现产值 299 亿元，同比增长 9.33%；新材料产业集群实现产值 28 亿元，同比增长 23.99%；装备制造产业集群实现产值 54.9 亿元，与同期持平。

2. 骨干企业

营口高新区有各类企业 4561 家，其中，高新技术企业 82 家，规模以上工业企业80家，上市企业1家。五矿营口中板有限责任公司、营口忠旺铝业有限公司、马勒发动机零部件（营口）有限公司等32家企业年营业收入超亿元。高新区加快培育高新技术企业，数量同比增长28.13%，占营口市的40.6%。大连理工大学（营口）3D打印中心研制成功全球最大尺寸的覆膜砂3D打印机。营口东盛实业有限公司成为中国最大的环保包装袋一站式综合解决方案提供商，在中国环保包装袋出口百强企业中排名第一，是中国环保包装分类包装产品及绿色包装材料领域的行业龙头企业。辽宁新洪源通过不断的技术研发创新与技术改造投入，成为东北最大的无机纤维工厂，拥有国内最领先的玻璃纤维池窑装备技术和生产技术。辽宁融达新材料科技有限公司、辽宁新洪源环保材料有限公司被评为瞪羚企业。

3. 创新平台

建设省级及以上工程技术研究中心11家、重点实验室2家、产业技术创新战略联盟4家、工程实验室30家，产业专业技术创新平台5家。平台涵盖了先进装备制造、新能源、新材料等产业，均具有较好的基础设施条件，在产学研合作、科技成果转化能力等方面成效明显，完善了营口高新区技术创新体系。目前已促成企业与卢秉恒、王子才、侯立安3位院士合作建立专家工作站。

4. 创业生态

营口高新区出台了《产业扶持政策》《推动人才集聚激发创新创业活力的若干政策》《促进企业转型升级的意见》《营口高新区科技创新若干政策》《营口高新区促进知识产权发展奖励办法》等政策，进行商事制度改革、“互联网+政务服务”平台系统建设、事中事后监管改革和金融领域改革，优化高新区营商环境。建设“营口众创空间”“高新技术创业服务中心”等众创空间和科技企业孵化器8家，新注册企业248个。举办了2019中国营口创新创业大赛，吸引88家企业报名参赛，17个项目落户营口高新区，累计注册资金达1.32亿元，成功承办了辽宁省创新创业大赛新材料行业赛，这是辽宁省创新创业大赛历史上第一次由地级市承办此类赛事。

（七）阜新高新区

阜新高新区是2013年经国务院批准晋升为国家级高新区，占地面积为36.25平方千米，管委会为市政府独立派出机构，实施“一区多园”发展战略。2019年，阜新高新区实现地区生产总值46.6亿元，公共财政预算收入3.58亿元。根据科技部最新通报评价结果，在全国157个国家高新区中，阜新高新区位居第147名。

1. 主导产业

阜新高新区发展四大产业。发展液压主导产业，依托德尔、徐工（辽宁）机械、阜新中孚等龙头企业，重点发展液压泵与马达、液压缸与阀、铸造件与热处理器、整机制造与液压系统等主营产品，促进相关零部件、整机制造、特种设备等细分领域的发展。加快发展电子信息产业，依托阜新电子元器件产业园，加大对迪亚、新亚、嘉隆、亿金等代表性企业的扶持和培育力度，重点发展电容器、半导体器件、电线电缆和防爆通信器材、新能源电池和光伏电池组件等系列产品。发展壮大生物医药化工业，依托凯莱英、天士力等生物医药化工龙头企业发展，大力发展医药中间体、生物医药和化工新材料等产品。发展农产品精深加工业，重点依托双汇、鲁花、振隆、小东北等龙头企业，发展壮大油料、畜禽产业、乳制品、粮食深加工、果蔬深加工等产业，增强辐射带动能力。

2. 骨干企业

阜新高新区有各类企业2558家，其中，高新技术企业36家，规模以上企业86家，上市企业2家。德尔汽车、徐工（辽宁）机械、阜新双汇等31家企业年销售收入超亿元。正在推进徐工（辽宁）公司二期项目、德尔扩产项目、法国思可达汽车涡轮增压器壳体项目、祥和农牧扩大产能项目、双汇技改升级项目、新能电力配件等重大项目的建设。推进了德尔公司、申泰汽车等企业与沈阳华晨、通用北盛等企业的合作，新能电力、柔金公司与上海电气等企业配套合作以及汽车配套企业与丹东曙光集团的对接。

3. 创新平台

建设省级及以上工程技术研究中心26家、重点实验室7家、产业技术创新战略联盟1家，产业专业技术创新平台2个。在原有研发检测中心基础上，建设辽宁省液压产品质量监督检验中心。搭建专利服务平台，引导企业形成一系列具有自主知识产权的产品。扩大共享设备范围，进一步完善共享机制。

4. 创业生态

阜新市委、市政府出台了《关于加快阜新高新技术产业开发区转型升级政策措施》，从支持高新区推进体制机制创新、加大对高新区的扶持力度、进一步优化高新区发展环境方面明确15条政策措施。建设高新技术创业服务中心、辽工大兴科中小企业服务中心等众创空间、科技企业孵化器8家，入驻企业和团队200余个。借助浙江大学、辽宁工大等高等院校，完善了创业培训、中介服务、软硬件建设等服务功能。发展科技服务业机构达到12家。

（八）辽阳高新区

辽阳高新区2010年经国务院批准晋升为国家级高新区，占地面积为24.37平方千米，管委会与宏伟区行政区合一。辽阳高新区获得“国家新型工业化产业示范基地”“人力资本创新示范区”“人才发展专项基金项目管理工作站”“中国化工园区30强”等称号。2019年，辽阳高新区实现地区生产总值227.1亿元；财政总收入127亿元；研究与试验发展经费10.22亿元，占地区生产总值4%；拥有有效发明专利189件，同比增长15%。根据科技部最新通报评价结果，在全国169个国家高新区中，辽阳高新区位居第111名。

1. 主导产业

辽阳高新区重点发展芳烃及精细化工、铝材深加工两大主导产业。发挥辽宁忠旺集团的龙头带动作用，拓展工业铝合金型材深加工领域及高端铝加工产品市场，延伸和扩宽“铝加工、铝深加工、铝应用、再生铝”产业链条，扩大产业集聚效应。推进辽阳石化公司产业结构升级和百万吨大乙烯、百万吨对二甲苯、30万吨聚丙烯等项目建设，延伸拓展芳烃产业的发展链条，已经发展成为国内最大的芳烃深加工生产研发基地、国内最大的环氧乙烷深加工生产研发基地。芳烃基地入驻企业已达30家，拥有22种240万吨原料优势，先后4次入选全国600个化工园区20强、30强。2019年，铝材深加工产业集群实现销售收入570亿元，同比增长14%；芳烃及精细化工产业集群实现销售收入580亿元，同比增长10.4%。

2. 骨干企业

高新技术企业34家，规模以上企业34家，上市企业3家。辽阳石化、忠旺集团、忠旺机械、奥克化学等企业年收入超10亿元。忠旺机械、众旺醇基油2家企业入选2018年国家高新区瞪羚企业名单。科隆公司获评国家混凝土外加剂10强企业。奥克集团连续10年入选中国化工500强，被推荐为工信部“国家技术创新示范企业”。

3. 创新平台

建设国家级企业技术中心2家；省级工程技术研究中心10家；忠旺国家高端铝合金型材加工重点实验室1家，国家级重点实验室1家、省级重点实验室2家；国家级博士后科研工作站3个，院士专家工作站1个；各类省级技术创新及服务平台15个，其中技术创新平台9个、技术服务平台5个、产业技术创新综合服务平台1个。重点推进沈阳工业大学辽阳分校、辽阳石化设计院、辽阳石化研究院、芳烃技术研究院、芳（烯）烃精细化工产品质量检验中心、忠旺和奥克国家级技术中心的发展。

4. 创业生态

辽阳高新区出台《鼓励科技创新若干政策（试行）》《科技创新券实施管理办法》《种子基金管理办法》等政策。设立人才基金 200 万元，对于企业引进的高层次人才给予工资外津贴补助和安家补贴，对于包括大学生在内的创业人才给予明确的创业补贴。建设科技企业孵化器 2 家、省级众创空间 2 家、发展科技服务机构 4 家，设立担保机构 1 家。

此外，辽宁省还建有省级高新技术产业开发区共计 10 个，分别是抚顺省级高新技术产业开发区、丹东省级高新技术产业开发区、铁岭省级高新技术产业开发区、盘锦省级高新技术产业开发区、葫芦岛省级高新技术产业开发区、绥中省级高新技术产业开发区、长兴岛省级高新技术产业开发区、腾鳌省级高新技术产业开发区、七里河省级高新技术产业开发区和喀左省级高新技术产业开发区。

事实上，对未来辽宁省产学研协同创新发展情况进行可预见性研究才是我们的研究重点。美国“分级化”的产学研协同创新管理机制促使了美国产学研协同创新模式的多元化发展，从博弈角度分析，健全的管理机制和合作保障可减少合作主体对不可预见风险的担心，增加合作方的信心，更能促进产学研项目的有效实施。因此，为解决辽宁省的产学研协同创新模式较为单一的特点，必须加强对高新技术产业开发区的科学化管理，推动产学研协同创新发展，增加应对未来科技创新情况发展的灵活性。

第三节　创新主体要素之间的紧密程度分析

创新主体主要是高校作为主导因素，在企业和科研机构的配合下合作完成相应的产学研协同创新项目，使知识创新转化为技术创新，实现辽宁省科学技术的快速发展。近年来，以高校为主体的辽宁省产学研协同创新取得了较大的突破。

一方面，科技活动人员可承担的国家级项目正在稳步上升，最突出的是高校的平均科技成果转化率已经达到了 78%，高校创办的科技型企业达到了 199 家，这些产学研协同创新成果进一步推动了辽宁省产学研协同创新项目的可持续发展。

另一方面，技术市场的成交额是促使辽宁省产学研协同创新循环稳定发展的关键环节，它是各项科学研究经费的重要来源，是促使产学研进一步发展的重要动力。2007~2014 年，辽宁省技术市场成交额在连年增长，如表 4-14 所示。

表 4-14　2007~2014 年辽宁省技术市场成交额

单位：万元，%

	2007 年	2008 年	2009 年	2010 年	2011 年	2012 年	2013 年	2014 年
全国	22265261	26652288	30390024	39065753	47635589	64370683	74691254	85771790
辽宁省	929290	997290	1197095	1306811	1596633	2306648	1733775	2174648
全国占比	4.174	3.742	3.939	3.345	3.352	3.583	2.321	2.535
年增长率	—	7.32	20.03	9.17	22.18	44.47	24.84	25.43

可见，辽宁省技术市场成交总额呈上升趋势。虽然 2013 年辽宁省技术市场成交额的全国占比骤降，但 2014 年有回升的趋势。这些在技术市场产生的成交额使辽宁省的整体经济和科研能力上升。同时，辽宁省高校的技术成果转化情况也显示出了突破性的增长，如表 4-15 所示。

表 4-15　2014 年辽宁省高校科技成果转化情况

单位：件，%

学校名称	转化成果总数	省内转化科技成果数					科技成果省内转化率
		合计	技术服务	技术开发	技术转让	技术咨询	
大连工业大学	21	10	2	1	7	—	47.62
大连海事大学	83	68	26	24	2	16	81.93
大连海洋大学	11	9	5	2	1	1	81.82
大连交通大学	8	8	—	—	8	—	100.00
大连理工大学	480	355	224	71	3	57	73.96
大连民族学院	6	4	4	—	—	—	66.67
大连医科大学	21	17	15	—	—	2	80.95
东北大学	492	384	231	109	6	38	78.05
辽宁大学	13	10	10	—	—	—	76.92
辽宁工程技术大学	130	85	42	42	—	1	65.38
辽宁工业大学	10	10	—	8	—	2	100.00
辽宁科技大学	107	89	64	21	—	4	83.18
辽宁科技学院	5	4	—	3	1	—	80.00
辽宁医学院	1	—	—	—	—	—	0.00
沈阳工程学院	16	14	2	11	—	1	87.50
沈阳工业大学	10	7	—	—	7	—	70.00
沈阳化工大学	4	4	3	1	—	—	100.00
沈阳理工大学	1	1	—	—	1	—	100.00
沈阳农业大学	1	1	—	—	1	—	100.00
沈阳师范大学	1	1	—	—	1	—	100.00
沈阳药科大学	75	58	39	19	—	—	77.33
合计	1496	1139	667	312	38	122	76.14

本章小结

虽然辽宁省高校与企业、科研院所协同创新取得了巨大成绩，但仍然存在各方创新力量自成体系、科研资源布局分散、基础设施重复建设、高校科技成果转化率不高等问题。为进一步促进高校、企业和科研机构等创新主体要素的深度融合，一方面需要建立适合辽宁省产学研协同创新的发展新模式，另一方面极力构建促使辽宁省产学研协同创新发展的良好环境，实现各方资源无缝衔接、促进产学研协同创新管理体系的加快建设。

第五章　辽宁省高校产学研协同创新资源配置优化机制

辽宁省高校开展产学研协同创新项目，需要解决如何最大限度地利用各项资源实现产学研一体化的问题，这需要合理的资源配置机制和科学的管理理念。针对辽宁省现阶段产学研协同创新三部门的资源配置情况来看，仍存在产业资源共享程度低、信息资源配置效果不高，科技资源配置有待优化等问题。

第一节　辽宁省产学研协同创新模式

基于项目化管理的产学研协同创新模式突破了现有任务单一管理方式和松散的科研合作方式，形成了以任务为导向的协同创新组织。在其整个产学研协同创新过程中，各方资源配置和优化是产学研项目管理中的关键性问题。为对辽宁省高校的产学研协同创新联盟中的资源配置进一步优化，首先研究现阶段产学研协同创新的主要模式，如图 5-1 所示。

将辽宁省高校的产学研协同创新模式分为横向和纵向两个方向。纵向以合作深度为标准，横向以合作目的为标准。

以合作深度为标准，主要的协同创新模式有：技术转让型、合作开发型和共建实体经济型。技术转让指高校、科研院所把科技成果有偿转让给企业后，企业将技术投入生产，形成生产力的一种协同创新模式。合作开发主要表现为两种形式：一种是共同开发，企业投入人力和资金；

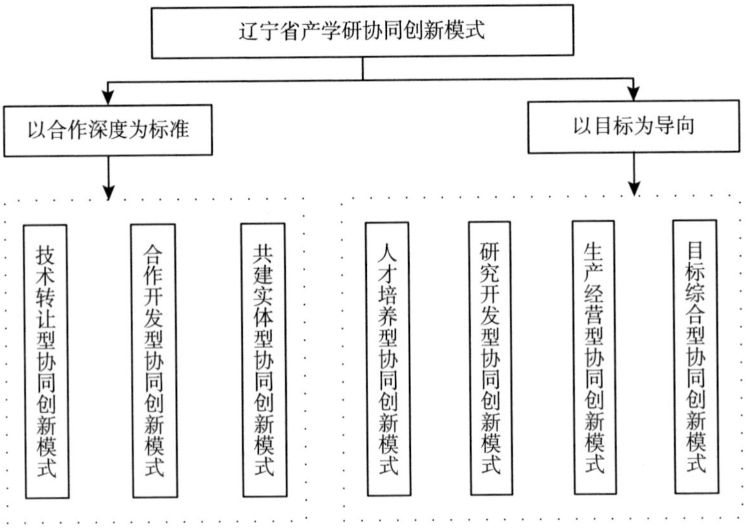

图 5-1 辽宁省产学研协同创新模式分类

另一种是委托开发，即根据企业需求提出技术合作要求。共建实体经济是指企业与高校或科研院所共同建立公司或工厂，且以新技术生产经营为主要目的，并伴有研究开发的产学研协同创新模式。

以目标为导向的协同创新模式有人才培养型、研究开发型、生产经营型和目标综合型。高校可通过人才培养型协同创新模式增强学生的实践能力和创新能力，企业可培养面向市场、面向生产和技术开发的应用型和创新型人才。研究开发型产学研协同创新模式是以提高合作各方创新能力为宗旨，以技术转让、技术咨询、技术服务、联合承担重大科技课题等形式存在。生产经营型是合作主体围绕开发生产科技含量高、附加值大的高科技产品，以市场需求为出发点，以提高企业效益为目标的产学研协同创新模式。目标综合型是以提高经济效益、促进人才培养、提升科技创新能力等多目标为导向，以一对多或多对多深层次合作为手段，以建设高新技术开发区、生产联合体、大学科技园为主要形式的产学研协同创新模式。

究其根本，所有产学研协同创新都是资源的共享和转移，包括人力、物力和财力。从合作主题的功能上看，在此基础上的各种产学研协同创新模式的资源流动上具有很强的共性。

为进一步分析各合作主体科技资源配置情况，本书采用数据包络分析法（Data Envelopment Analysis）对辽宁省的产学研协同创新科技资源配置情况进行评价分析。

第二节　科技资源配置对产学研项目有效性的评价分析

一、DEA 评价指标选取

A.Charnes、W.W.Cooper 和 E.Rhodes（1978）给出了评价决策单元（Decision Making Units，DMU）相对有效性的数据包络分析法（Data Envelopment Analysis，DEA）。DEA 是使用数学规划模型评价具有多个输入，尤其是多个输出的“部门”或“单位”（即决策单元）间的相对有效性（称为 DEA 有效），这种决策评价方法的评价结果具有很强的客观性。

经过多年的发展，DEA 模型已经发展得十分完善。C^2R 模型是 DEA 的第一个模型，从生产函数角度看，它是同时针对规模有效性和技术有效性而言的“总体”有效性，是对应于规模报酬不变的技术假设。BC^2 模型与 C^2R 模型的不同点在于 BC^2 模型要求规模效率不变，即 $\sum\lambda_j=1$。本章主要采用的 DEA 模型有 C^2R 模型和 BC^2 模型。

根据 DEA 方法应用的一般步骤（确定评价目的；选择 DMU；建立输入 / 输出指标体系；DEA 模型的选择；评价工作的设计与表述），将对辽宁省市属以上高校的产学研协同创新资源配置有效性进行评价。

二、构建评价指标体系

建立输入/输出指标体系是应用DEA方法的一项基础性前提工作，对实现评价结果具有非常重要的意义：要能够实现评价目的；要能全面反映评价目的；要考虑输入向量、输出向量之间的关系，输入集或输出集内部的指标要尽可能避免有较强的线性关系；要保证输入/输出指标的多样性。

设输入指标为I，输出指标为O，在保持投入I不变的情况下，输出O越大越好，代表收益更高；在保持输出O不变的情况下，投入I越低越好，代表成本越低。因此，我们一般用这个简单的方法判断指标应归为输入指标还是输出指标。此外，评价指标与参考集的个数也有一定的关系，通常认为，参考集元素的个数不少于输入/输出指标总数的两倍为好。

由于产学研协同创新项目中的资源流动过程是十分复杂的网络，在进行资源配置效率分析时有极大的难度，因此，我们将辽宁省高校产学研协同创新项目分成两个阶段：第一阶段是从高校开展产学研协同创新资源投入到知识创新的过程；第二阶段是从知识创新到技术创新并带来经济效益的过程。进一步讲，第一阶段的输出也是第二阶段的投入，致使资源的流动形成一个完整的过程，有助于追寻资源配置不善的根本原因。

第一阶段：从高校角度看，高校科研活动效率评价指标体系主要包含的输入指标有政府科研经费投入、企业资金注入、高校自费投入、投入科研人员人数，输出指标有科技著作、专著、专利数量、学术论文等知识创新成果。

第二阶段：该阶段的输入指标主要来自第一阶段的投入指标和部分输出指标，如专利数量、三大国际期刊文献检索数量等。输出指标主要从经济效益角度分析，当产学研协同创新的成果顺利投入市场并带来一定收益时，才能满足各个主体实施产学研协同创新项目的根本目的，因此，输出指标主要是技术转移收益。高校、科研机构和企业可将技术转移收益再次投到人才培养和设备更新中，进而形成一个持续运作的良性循环，促使产学研协同创新持续稳定的发展。

根据历年《中国科技统计年鉴》和辽宁省教育厅对历年辽宁省普通高等学校科研情况的统计，选取了一些输入、输出方面的重要效益指标，如图 5–2 所示。

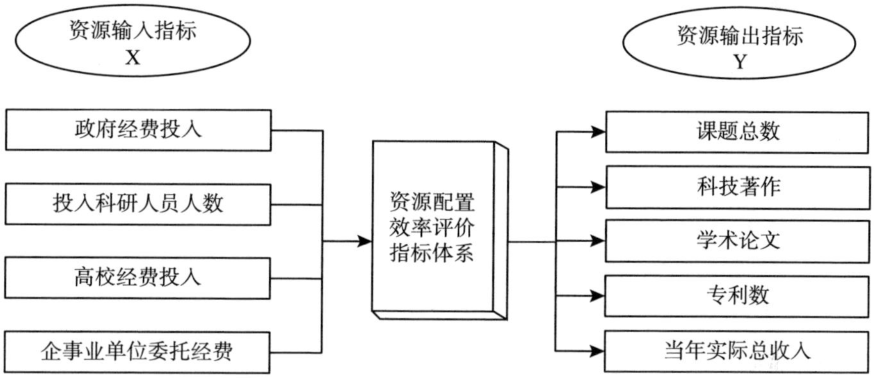

图 5–2　资源配置效率评价指标体系

三、构建资源配置效率评价模型

综合效率也称为技术效率，是指在生产过程中，既考虑技术对资源配置效率的影响，也考虑生产规模对资源配置效率的影响。

技术效率指一个生产单元的生产过程达到该行业技术水平的程度。技术效率指一个生产单元技术水平的高低。技术效率可以从投入和产出两个角度衡量，投入不变时产出最大化问题（产出导向）和产出不变时投入最小化问题（投入导向）。根据辽宁省高校产学研协同创新的经济背景，为保持在一定的投入下，产出最大化的问题，输入指标不易有较大变动，因此，我们选用的是基于输出导向的 DEA 模型。

纯技术效率设置在生产过程中，在生产规模不变的前提下，技术变化对资源配置效率的影响。

规模效率指在生产过程中，生产规模的变动对资源配置效率的影响。

一般来说，生产技术的规模收益要经历规模收益递增（Increasing Returns to Scale，IRS）、规模收益不变（Constant Returns to Scale，CRS）和规模收益递减（Decreasing Returns to Scale，DRS）三个阶段，如图 5–3 所示。

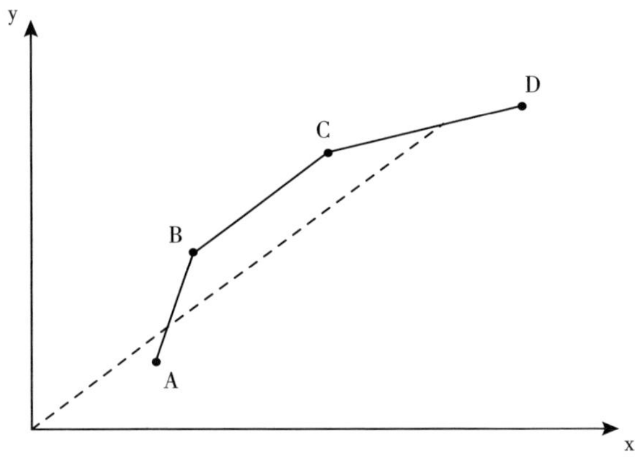

图 5–3　生产规模收益变化

AB 表示规模收益递增；BC 表示规模收益不变；CD 表示规模收益递减。

因此，根据规模收益情况可分为四种情况：不变规模收益（CRS）；可变规模收益（VRS）；非增规模收益（NIRS）；非减规模收益（NDRS）。本章主要使用的是基于规模收益不变的 C^2R 模型和基于规模收益可变的 BC^2 模型。同时，从经济学角度解释，影子价格体现了投入资源对生产效益做出的边际贡献。在研究生产效益最大化时，研究影子价格为我们提升生产效益的方向提供了合理的理论依据。

假设有 n 所高校（称为决策单元），这 n 个决策单元都是具有可比性的。每个决策单元都有 m 种类型的“输入”（表示该决策单元对资源的耗费）和 s 种类型的“输出”（它们是决策单元在消耗了资源之后，表明“成效”的一些指标）。我们对输入和输出的理解是：输入越小越好，输出越大越好。各决策单元的输入和输出数据如图 5-4 表示。

	DWU_1	DWU_2	L	DWU_j	L	DWU_n	
$v_1 \longrightarrow$	x_{11}	x_{12}	L	x_{1j}	L	x_{1n}	
$v_2 \longrightarrow$	x_{21}	x_{22}	L	x_{2j}	L	x_{2n}	
$\vdots$	M	M		M		M	
$v_m \longrightarrow$	x_{m1}	x_{m2}	L	x_{mj}	L	x_{mn}	
	y_{11}	y_{12}	L	y_{1j}	L	y_{1n}	$\longrightarrow u_1$
	y_{21}	y_{22}	L	y_{2j}	L	y_{2n}	$\longrightarrow u_2$
	M	M		M		M	$\vdots$
	y_{s1}	y_{s2}	L	y_{sj}	L	y_{sn}	$\longrightarrow u_s$

图 5-4　各决策单元的输入和输出数据

输入向量为高校的投入指标值：$I_j=(x_{1j},\ x_{2j},\ \mathrm{L}\, x_{mj})^T>0$，$j=1$，L，$n$

输出向量为高校的产出指标值：$O_j=(y_{1j},\ y_{2j},\ \mathrm{L},\ y_{sj})^T>0$，$j=1$，L，$n$

输入 / 输出指标的权重为：$v=(v_1,\ v_2,\ \mathrm{L},\ v_m)^T$，$u=(u_1,\ u_2,\ \mathrm{L},\ u_s)^T$

当前研究高校的表示方式为：DMU_j

对于权重系数 $v\in E^m$ 和 $u\in E^s$，称：

$$h_j=\frac{u^T O_j}{v^T I_j}=\frac{\sum_{k=1}^{s} u_k y_{kj}}{\sum_{i=1}^{m} v_i x_{ij}},\ j=1,\ \cdots,\ n \qquad (5.1)$$

为第 j 所高校（即 DMU_j，$1\leqslant j\leqslant n$）的技术效率评价指数。

构成分式规划问题（C^2R 模型）如下：

$$\min \frac{v^T I_0}{u^T O_0}$$
$$\text{s.t.}\begin{cases} \dfrac{v^T I_j}{u^T O_j} \geqslant 1, & j=1, 2, \cdots, n \\ v\geqslant 0, & u\geqslant 0 \end{cases} \tag{5.2}$$

使用 C^2 变换：$t=\dfrac{1}{u^T O_0}$，$\omega=tv$，$\mu=tu$ 转化为如下的等价的线性规划（即包络模型）为：

$$\min \omega^T I_0$$
$$\text{s.t.}\begin{cases} \omega^T I_j-\mu^T O_j\geqslant 0, & j=1, 2, \cdots, n \\ \mu^T O_0=1 \\ \omega\geqslant 0 \\ \mu\geqslant 0 \end{cases} \tag{5.3}$$

它的对偶规划（即乘数模型）为：

$$\max \theta$$
$$\text{s.t.}\begin{cases} \sum_{j=1}^{n} I_j\lambda_j\leqslant I_0 \\ \sum_{j=1}^{n} O_j\lambda_j\geqslant \theta O_0 \\ \lambda_j\geqslant 0, & j=1, \cdots, n \end{cases} \tag{5.4}$$

使用分式规划与使用线性规划得到的最优目标函数值是相同的，所以可以用线性规划和对偶规划定义决策单元的有效性。此时的对偶规划目标函数值大于或等于 1。

早在 1952 年，Charnes 在研究线性规划的"退化"情况时，通过引进非阿基米德无穷小的概念，成功解决了计算上和技术上的困难。令 $\varepsilon>0$ 是一个非阿基米德无穷小量（non-Archiemedean），ε 是一个小于任何正数且大于 0 的数。考虑具有非阿基米德无穷小 ε 的 C^2R 模型：

$$\min \frac{v^T I_0}{u^T O_0}$$

$$\text{s.t.}\begin{cases} \dfrac{v^T I_j}{u^T O_j} \geqslant 1,\ j=1,\ \cdots,\ n \\ \dfrac{v}{v^T I_0} \geqslant \varepsilon \hat{e} \\ \dfrac{u}{v^T I_0} \geqslant \varepsilon e \end{cases} \tag{5.5}$$

其中，$e=(1,\ 1,\ \cdots,\ 1)^T \in E^s$，$\hat{e}=(1,\ 1,\ \cdots,\ 1)^T \in E^m$

由 C^2 变换：$t=\dfrac{1}{v^T I_0}$，$\omega=tv$，$\mu=tu$，

分式规划等价于下面的线性规划：

$$\min \omega^T I_0$$

$$\text{s.t.}\begin{cases} \omega^T I_j - \mu^T O_j \geqslant 0 \\ \mu^T O_0 = 1 \\ \omega \geqslant \varepsilon \hat{e} \\ \mu \geqslant \varepsilon e \end{cases} \tag{5.6}$$

它的对偶规划为：

$$\max\left[\varepsilon(\hat{e}^T S^+ + e^T S^-) - z\right]$$

$$\text{s.t.}\begin{cases} \sum\limits_{j=1}^{n} I_j \lambda_j - S^+ = I_0, \\ \sum\limits_{j=1}^{n} O_j \lambda_j + S^- = z O_0 \\ \lambda_j \geqslant 0,\ j=1,\ \cdots,\ n \\ S^+ \geqslant 0,\ S^- \geqslant 0 \end{cases} \tag{5.7}$$

设 λ^0，S^{+0}，S^{-0}，z^0 为乘数模型的最优解，则乘数模型具有“复数”形式：$a-\varepsilon b$，其中：$a=z^0$，$b=\hat{e}^T S^{+0}+e^T S^{-0}$。

数 a 表示 DMU_{j0} 的效率指数；数 b 表示输入不足 $\hat{e}^T S^{+0}$ 与输入过剩 $e^T S^{-0}$ 之和。可根据 a 和 b 来判断 DMU_{j0} 的弱 DEA 有效性和 DEA 有效性。

若 $z^0>1$，DMU_{j0} 不为弱 DEA 有效；若 $z^0=1$，求：

$$\max\left(\hat{e}^T S^+ + e^T S^-\right)$$
$$\text{s.t.}\begin{cases}\sum\limits_{j=1}^{n} I_j\lambda_j - S^+ = I_0,\\ \sum\limits_{j=1}^{n} O_j\lambda_j + S^- = O_0,\\ \lambda_j \geqslant 0,\ j=1,\ \cdots,\ n\\ S^+ \geqslant 0,\ S^- \geqslant 0\end{cases} \tag{5.8}$$

最优解 λ^*，S^{+*}，S^{-*}，若 $\hat{e}^T S^+ + e^T S^- \neq 0$，$DMU_{j0}$ 仅为弱 DEA 有效，若 $\hat{e}^T S^+ + e^T S^- = 0$，$DMU_{j0}$ 为 DEA 有效。

产出导向下的基于规模收益可变的 BC^2 模型：

$$\min\phi$$
$$\text{s.t.}\begin{cases}\sum\limits_{j=1}^{n}\lambda_j x_{ij} \leqslant x_{ik}\\ \sum\limits_{j=1}^{n}\lambda_j y_{rj} \leqslant \phi y_{rk}\\ \sum\limits_{j=1}^{n}\lambda_j = 1\\ \lambda \geqslant 0\\ i=1,\ 2,\ \cdots,\ m;\ r=1,\ 2,\ \cdots,\ q;\ j=1,\ 2,\ \cdots,\ n\end{cases} \tag{5.9}$$

产出导向的 BC^2 模型是在产出导向的 C^2R 模型的基础上，增加了约束条件 $\sum\limits_{j=1}^{n}\lambda_j = 1$ 构成。

对于有 m 种投入和 s 种产出的 n 所高校的评价问题，可以从多目标决策的角度来描述。记 n 所高校的输入和输出数据集合为参考集 $\hat{T}$：

$$\hat{T} = \{(I_j,\ O_j) \mid j=1,\ 2,\ \cdots,\ n\} \tag{5.10}$$

其中，$I = (x_1,\ x_2,\ \cdots,\ x_m)^T$，$O = (y_1,\ y_2,\ \cdots,\ y_s)^T$ 分别表示输入和输出变量，构成 $m+s$ 个以追求输出最大为目标的函数：

$$f_1 = (I,\ O) = y_1$$
$$f_2 = (I,\ O) = y_2$$
$$\vdots$$
$$f_s = (I,\ O) = y_s$$

$$f_{s+1}=(I,\ O)=-x_1 \tag{5.11}$$

$$f_{s+2}=(I,\ O)=-x_2$$

M

$$f_{s+m}=(I,\ O)=-x_m$$

为方便起见，记

$$F(I,\ O)=(f_1(I,\ O),\ f_1(I,\ O),\ \cdots,\ f_{s+m}(I,\ O))^T \tag{5.12}$$

约束集合，即生产可能集为：

$$T=\left\{(I,\ O)\mid \sum_{j=1}^{n} I_j\lambda_j \leqslant I,\ \sum_{j=1}^{n} O_j\lambda_j \geqslant O,\ \lambda_j \geqslant 0,\ j=1,\ 2,\ \cdots,\ n\right\} \tag{5.13}$$

这样构成多目标规划（VP）：

$$(VP)\begin{cases} V\text{-}\min F(I,\ O) \\ (I,\ O)\in T \end{cases} \tag{5.14}$$

$$F(I,\ O)=\begin{pmatrix} -I \\ O \end{pmatrix} \tag{5.15}$$

上述的生产可能集形式是与 C^2R 模型对应的。实际上，不同的公理体系，其生产可能集也不同，因而生产前沿面也不同。DEA 的有效性的检测方法本质上是检验是否落在生产可能集的生产前沿面上。C^2R 模型的生产可能集由以下公理体系确定：

（1）平凡公理。$(I_j,\ O_j)\in T$，$j=1,\ 2,\ \cdots,\ n$。

（2）凸性公理。对任意的 $(I,\ O)\in T$ 和 $(\hat{I},\ \hat{O})\in T$，以及任意 $\alpha\in[0,\ 1]$，均有 $\alpha(I,\ O)+(1-\alpha)(\hat{I},\ \hat{O})=(\alpha I+(1-\alpha)\hat{I},\ \alpha O+(1-\alpha)\hat{O})\in T$。

（3）锥性公理。对任意 $(I,\ O)\in T$，及 $\alpha\geqslant 0$，均有 $\alpha(I,\ O)=(\alpha I,\ \alpha O)\in T$。

（4）无效性公理。对任意 $(I,\ O)\in T$，若 $\hat{I}\geqslant I$，$\hat{O}\leqslant O$，均有 $(\hat{I},\ \hat{O})\in T$。

（5）最小性公理。生产可能集是所有满足上述公理的最小者。

四、DEA 计算步骤

综上所述，总结数据包络分析模型的计算过程如下：

步骤 1 根据式（5.7）利用对偶规划（即乘数模型）计算对偶价格，对偶价格等于各投入和产出指标的权重 λ_j，j=1，2，…，n；

步骤 2 根据式（5.6）计算最优解 λ^0；

步骤 3 根据式（5.14）计算原线性规划下求生产前沿面 T；

步骤 4 根据式（5.3）计算 CRS 下的投入产出技术效率 TE；

步骤 5 根据式（5.9）计算 VRS 下的投入产出纯技术效率 PTE；

步骤 6 计算规模效率 SE=TE/PTE；

步骤 7 根据式（5.7）、式（5.8）计算改进值 S^+、松弛测度 S^- 和投影 I_0、O_0。

五、资源配置效率优化分析

在对辽宁省各所高校进行产学研协同创新资源配置效率分析时，考虑到各所院校的类型及发展方向的不同，将含有科技课题和人文社会与发展课题的院校分别进行分析。

在进行资源配置效率的径向分析时，对外界环境要做出理想的假设：辽宁省高校实施产学研协同创新的深度、范围忽略不计和时间跨度忽略不计，且所有辽宁省高校实施产学研协同创新的数据统计均以辽宁省内发布的具体统计资料为准。

根据 2003~2015 年辽宁省科技厅的统计数据，利用软件 MaxDEA7.0 中的径向模型：C^2R 模型和 BC^2 模型，测算 2015 年辽宁省高校在科技课题和人文社会科学课题上总体的资源配置情况。

对辽宁省普通高等学校科技资源配置情况进行有效性的分析，必须选取有代表性的评价对象。根据 2015 年《辽宁省科研活动统计公报》中各所高校的科技活动情况，筛选含有科技课题并从事科技活动的院校共计 86 所。根据历年《中国科技统计年鉴》及《辽宁省普通高等学校科研活动统计公报》中的分类，选取的输入指标有：当年投入人数（人年）、当年投入经费（万元）；选取的输出指标有：科技著作数量、学术论文数量、三大期刊文献检索数量。

辽宁省高校科技资源的规模效率分析最优化的过程中，投入的冗余和产出的不足是影响科学技术资源配置的重要指标。在径向模型中，规模效率 = 规模报酬不变 DEA 有效性 / 规模报酬可变的 DEA 有效性。

为了观察自然条件下规模收益的变化情况，我们主要在规模收益不变的 CCR 模型和规模收益可变的 BCC 模型下进行测算，并观察各个高校资源配置的综合技术效率，如表 5–1 所示。

表 5–1　辽宁省高校产学研协同创新资源配置效率分析

序号	高校	技术效率	纯技术效率	规模效率	规模收益
1	大连理工大学	1	1	1	—
2	东北大学	1	1	1	—
3	大连海事大学	0.91	1	0.91	Drs
4	中国刑事警察学院	0.14	0.90	0.15	Drs
5	大连民族学院	0.50	0.87	0.57	Drs
6	辽宁大学	0.53	1	0.53	Drs
7	沈阳工业大学	1	1	1	—
8	沈阳航空航天大学	1	1	1	—
9	沈阳理工大学	0.15	0.45	0.34	Drs
10	辽宁科技大学	0.96	1	0.96	Drs
11	辽宁工程技术大学	0.44	1	0.44	Drs
12	辽宁石油化工大学	0.58	0.88	0.66	Drs
13	沈阳化工大学	0.41	0.56	0.73	Drs
14	大连交通大学	0.71	1	0.71	Drs

续表

序号	高校	技术效率	纯技术效率	规模效率	规模收益
15	大连工业大学	0.31	0.56	0.55	Drs
16	沈阳建筑大学	1	1	1	—
17	辽宁工业大学	1	1	1	—
18	沈阳农业大学	0.63	0.74	0.85	Drs
19	大连海洋大学	0.33	0.73	0.45	Drs
20	中国医科大学	1	1	1	—
21	中国医科大学附属一院	1	1	1	—
22	中国医科大学附属盛京医院	1	1	1	—
23	中国医科大学附属口腔医院	1	1	1	—
24	中国医科大学附属四院	0.76	0.77	0.99	Drs
25	辽宁医学院	0.21	0.71	0.30	Drs
26	辽宁医学院附属二院	0.07	0.13	0.53	Drs
27	大连医科大学	1	1	1	—
28	大连医科大学附属一院	0.75	0.75	1	—
29	大连医科大学附属二院	1	1	1	—
30	辽宁中医药大学	1	1	1	—
31	辽宁中医药大学附属一院	1	1	1	—
32	辽宁中医药大学附属二院	0.07	0.24	0.30	Drs
33	辽宁中医药大学附属三院	1	1	1	—
34	辽宁中医药大学附属四院	1	1	1	—
35	沈阳药科大学	1	1	1	—
36	辽宁师范大学	1	1	1	—
37	沈阳师范大学	0.30	1	0.30	Drs
38	渤海大学	0.90	1	0.90	Drs
39	大连外国语大学	1	1	1	—
40	东北财经大学	0.18	0.74	0.24	Drs
41	沈阳体育学院	0.52	1	0.52	Drs

续表

序号	高校	技术效率	纯技术效率	规模效率	规模收益
42	沈阳音乐学院	0.46	0.85	0.54	Drs
43	鲁迅美术学院	1	1	1	—
44	辽宁科技学院	0.16	0.82	0.20	Drs
45	沈阳工程学院	0.24	1	0.24	Drs
46	辽东学院	0.38	1	0.38	Drs
47	辽宁警察学院	1	1	1	—
48	辽宁农业职业技术学院	0.37	0.54	0.68	Drs
49	辽宁省交通高等专科学校	0.19	0.49	0.37	Drs
50	辽宁职业学院	1	1	1	—
51	辽宁林业职业技术学院	0.24	0.48	0.50	Drs
52	辽宁金融职业学院	1	1	1	—
53	辽宁机电职业技术学院	0.06	0.36	0.16	Drs
54	辽宁经济职业技术学院	0.24	0.25	0.96	Drs
55	辽宁装备制造职业技术学院	0.83	0.99	0.84	Drs
56	辽宁地质工程职业学院	1	1	1	—
57	辽宁现代服务职业技术学院	0.15	0.53	0.29	Drs
58	辽宁城市建设职业技术学院	1	1	1	—
59	辽宁医药职业学院	0.05	0.14	0.34	Drs
60	辽宁水利职业学院	0.47	0.50	0.95	Drs
61	辽宁轨道交通职业学院	1	1	1	—
62	辽宁建筑职业学院	0.66	1	0.66	Drs
63	沈阳医学院	0.10	0.34	0.29	Drs
64	沈阳医学院奉天医院	1	1	1	—
65	沈阳医学院沈洲医院	0.03	0.21	0.13	Drs
66	鞍山师范学院	1	1	1	—
67	沈阳大学	1	1	1	—
68	大连大学	0.48	0.85	0.56	Drs

续表

序号	高校	技术效率	纯技术效率	规模效率	规模收益
69	营口理工学院	0.14	0.18	0.81	Drs
70	朝阳师范高等专科学校	0.08	0.38	0.22	Drs
71	锦州师范高等专科学校	0.08	0.26	0.31	Drs
72	大连职业技术学院	1	1	1	—
73	辽阳职业技术学院	1	1	1	—
74	阜新高等专科学校	1	1	1	—
75	沈阳职业技术学院	0.05	0.26	0.17	Drs
76	辽宁对外经贸学院	0.43	1	0.43	Drs
77	大连艺术学院	0.12	0.74	0.17	Drs
78	大连东软信息学院	0.16	0.38	0.41	Drs
79	大连科技学院	0.81	1	0.81	Drs
80	辽宁何氏医学院	0.21	0.40	0.53	Drs
81	沈阳城市建设学院	0.33	0.42	0.80	Drs
82	大连财经学院	0.45	1	0.45	Drs
83	沈阳工学院	1	1	1	—
84	辽宁传媒学院	1	1	1	—
85	辽宁理工职业学院	0.13	0.16	0.79	Drs
86	辽宁师范大学海华学院	0.20	0.45	0.44	Drs

注：Drs 表示规模收益递减；Irs 表示规模收益递增；—表示规模收益不变。

3 个效率的取值范围均为［0，1］，在收集的 86 所被调查的辽宁省高等院校中，技术效率和规模效率均为最优的高校 34 所，达到调查高校总量的 39.5%，纯技术效率为最优的高校 48 所，达到被调查高校总量的 55.8%。在已经达到规模收益和纯技术效率最优的高校中，其规模收益均呈现规模收益不变的状态；在未达到规模效率和纯技术效率最优的高校中，其规模收益均呈现规模收益递减的状态。

2015 年，辽宁省高校承办科学技术课题研究的高校有 49 所，在规模报酬不变的 BCC 模型下，各院校的科学技术研究资源配置效率如表 5-2 所示。

表 5-2　2015 年辽宁省高校科学技术研究资源配置效率分析

序号	高校	技术效率	纯技术效率	规模效率	规模收益
1	大连理工大学	1	1	1	—
2	东北大学	1	1	1	—
3	大连海事大学	1	1	1	—
4	大连民族学院	1	1	1	—
5	辽宁大学	0.99	1	0.99	Drs
6	沈阳工业大学	1	1	1	—
7	沈阳航空航天大学	1	1	1	—
8	沈阳理工大学	0.17	0.40	0.42	Drs
9	辽宁科技大学	0.98	1	0.98	Drs
10	辽宁工程技术大学	0.43	1	0.43	Drs
11	辽宁石油化工大学	0.49	0.84	0.58	Drs
12	沈阳化工大学	0.43	0.58	0.75	Drs
13	大连交通大学	0.83	1	0.83	Drs
14	大连工业大学	0.36	0.61	0.59	Drs
15	沈阳建筑大学	1	1	1	—
16	辽宁工业大学	1	1	1	—
17	沈阳农业大学	1	1	1	—
18	大连海洋大学	0.37	0.69	0.54	Drs
19	中国医科大学	1	1	1	—
20	中国医科大学附属一院	1	1	1	—
21	中国医科大学附属盛京医院	1	1	1	—
22	中国医科大学附属口腔医院	1	1	1	—
23	中国医科大学附属四院	1	1	1	—
24	辽宁医学院	0.69	0.78	0.88	Drs
25	辽宁医学院附属二院	1	1	1	—

续表

序号	高校	技术效率	纯技术效率	规模效率	规模收益
26	大连医科大学	1	1	1	—
27	大连医科大学附属一院	0.48	0.75	0.63	Drs
28	大连医科大学附属二院	0.94	0.97	0.97	Irs
29	辽宁中医药大学	1	1	1	—
30	辽宁中医药大学附属一院	1	1	1	—
31	辽宁中医药大学附属二院	0.11	0.24	0.47	Drs
32	辽宁中医药大学附属三院	1	1	1	—
33	辽宁中医药大学附属四院	1	1	1	—
34	沈阳药科大学	1	1	1	—
35	辽宁师范大学	1	1	1	—
36	沈阳师范大学	0.49	1	0.49	Drs
37	渤海大学	1	1	1	—
38	辽宁科技学院	0.37	0.87	0.42	Drs
39	沈阳工程学院	0.37	1	0.37	Drs
40	辽东学院	0.20	1	0.20	Drs
41	沈阳医学院	0.40	0.48	0.84	Drs
42	沈阳医学院奉天医院	1	1	1	—
43	沈阳医学院沈洲医院	0.49	0.50	0.99	Drs
44	鞍山师范学院	1	1	1	—
45	沈阳大学	1	1	1	—
46	大连大学	0.65	0.90	0.72	Drs
47	大连东软信息学院	0.27	0.44	0.61	Drs
48	大连科技学院	1	1	1	—
49	沈阳城市建设学院	0.90	1	0.90	Irs

在选取的49所高校中，技术效率和规模效率均为最优的高校有27所，占到55.1%；纯技术效率为最优的有35所，占71.4%。对未达到效率最优的高校进行冗余度分析，如表5-3所示。

表 5-3 Proportionate Movement 成比例改进

序号	DMU	Score	科技著作（部）	学术论文（篇）	SCIE（篇）	EI（篇）	ISTP（篇）
1	大连理工大学	1	0	0	0	0	0
2	东北大学	1	0	0	0	0	0
3	大连海事大学	1	0	0	0	0	0
4	大连民族学院	1	0	0	0	0	0
5	辽宁大学	0.99	0.05	5.21	2.19	2.10	0.23
6	沈阳工业大学	1	0	0	0	0	0
7	沈阳航空航天大学	1	0	0	0	0	0
8	沈阳理工大学	0.17	24.64	2597.15	295.69	275.98	9.86
9	辽宁科技大学	0.98	0.02	16.48	2.82	4.88	0
10	辽宁工程技术大学	0.43	0	971.51	69.11	318.18	50.86
11	辽宁石油化工大学	0.49	2.06	880.09	80.19	87.39	14.39
12	沈阳化工大学	0.43	0	412.72	128.40	56.34	10.48
13	大连交通大学	0.83	0.80	86.38	21.24	28.26	4.61
14	大连工业大学	0.36	1.76	1384.43	238.09	100.53	14.11
15	沈阳建筑大学	1	0	0	0	0	0
16	辽宁工业大学	1	0	0	0	0	0
17	沈阳农业大学	1	0	0	0	0	0
18	大连海洋大学	0.37	3.36	743.95	85.65	120.91	8.40
19	中国医科大学	1	0	0	0	0	0
20	中国医科大学附属一院	1	0	0	0	0	0
21	中国医科大学附属盛京医院	1	0	0	0	0	0
22	中国医科大学附属口腔医院	1	0	0	0	0	0
23	中国医科大学附属四院	1	0	0	0	0	0
24	辽宁医学院	0.69	6.80	281.46	0	0	0
25	辽宁医学院附属二院	1	0	0	0	0	0

续表

序号	DMU	Score	科技著作（部）	学术论文（篇）	SCIE（篇）	EI（篇）	ISTP（篇）
26	大连医科大学	1	0	0	0	0	0
27	大连医科大学附属一院	0.48	2.20	509.25	175.60	0	0
28	大连医科大学附属二院	0.94	0	7.38	4.90	0.06	0
29	辽宁中医药大学	1	0	0	0	0	0
30	辽宁中医药大学附属一院	1	0	0	0	0	0
31	辽宁中医药大学附属二院	0.11	7.77	768.89	0	0	0
32	辽宁中医药大学附属三院	1	0	0	0	0	0
33	辽宁中医药大学附属四院	1	0	0	0	0	0
34	沈阳药科大学	1	0	0	0	0	0
35	辽宁师范大学	1	0	0	0	0	0
36	沈阳师范大学	0.49	5.18	281.92	52.86	60.12	4.15
37	渤海大学	1	0	0	0	0	0
38	辽宁科技学院	0.37	0	248.64	5.14	60.02	1.71
39	沈阳工程学院	0.37	0	646.24	5.01	111.88	0
40	辽东学院	0.20	0	648.77	57.12	330.51	0
41	沈阳医学院	0.40	0	403.55	10.58	0	0
42	沈阳医学院奉天医院	1	0	0	0	0	0
43	沈阳医学院沈洲医院	0.49	0	86.78	0	0	0
44	鞍山师范学院	1	0	0	0	0	0
45	沈阳大学	1	0	0	0	0	0
46	大连大学	0.65	3.29	662.81	55.42	40.60	18.66
47	大连东软信息学院	0.27	0	538.64	8.16	65.29	0
48	大连科技学院	1	0	0	0	0	0
49	沈阳城市建设学院	0.90	0	7.85	0	0.22	0

观察可知，沈阳理工大学在科技著作上的差距非常大，需等比例增长 24 部 / 年，才可达到最优标准。在学术论文发表数量上，本科普通院校中的沈阳理工大学、辽宁工程技术大学、辽宁石油化工大学、沈阳化工大学、大连工业大学、大连海洋大学和沈阳师范大学有很大欠缺。

本章小结

本章利用资源配置对产学研项目影响的理论模型 DEA，从两个方面对辽宁省的产学研资源配置进行分析研究：一方面是各创新主体的功能定位及其作用模式；另一方面是从定量角度探讨适合辽宁省产学研协同创新发展的资源配置优化机制。

第六章　建设产学研协同创新体系的政策建议

结合前文分析以及发达国家的经验启示，辽宁省高校产学研协同创新管理体系的实施保障可以从政府、组织部门、法律法规、合作关系以及市场机制五个角度分析，以实现对高校产学研的持续推动与促进作用。

第一节　健全政府调控管理机制

通过对美国北卡三角研究园案例的研究分析可以发现，政府在产学研联盟中应发挥重要的引导、指导和监管作用，政府在推动、组织、协调、激励产学研合作的正常、有效开展具有举足轻重的影响。因此，辽宁省政府应积极转变政府职能，向产学研主题提供政策指导和服务，充分发挥对产学研合作的指导作用，着力研究制定并组织实施知识产权保护和产业扶持等政策，以健全政府调控管理机制。

如果政府不健全其调控管理机制，对产学研合作的产业提供过多扶持，则可能导致官方过多的参与带来相对僵化的机制和保守的观念，对产业造成“母胎带来的发育不良”，如20世纪美国128号公路高新带的兴衰；反之，政府对产学研合作的产业采取“放养式”态度，不进行有效的监管，容易造成产学研合作产业的粗制滥造，以及产学研合作的浮躁之气。自美国硅谷模式的成功后，“中国硅谷”开始大批出现。但美国硅谷只有一个，“中国硅谷”却不计其数，众多“× 谷”产业园区以建设科技园之名拿地开发房地产；以聚集高科技企业为定位却引进了一大批没技术、没潜力的低端企业；号称搭建园区公共服务平台却大肆炒作概念；声称具备完善产业政策却难以落地实施；宣称建设孵化器却只收租金不提供服务……以上案例警示，政府调控机制是必不可少的，合理健全的调控管理机制对产学研合作的促进作用是显而易见的。

辽宁省政府应建全政府调控管理机制，充分发挥政府主导作用，加大对高校开展产学研合作的支持力度，提供相关政策支持，设置专门机构协调解决问题，为其发展营造适宜环境；设立高校产学研专项合作基金，为产学研协同创新提供及时、充足的资金扶持；加快出台对产学研合作的法律法规，并做好监管工作，引导产学研合作良性循环；建立健全激励约束机制，促进各主体对产学研合作的积极性，推动产学研合作发展到一个新阶段。

第二节　简化各部门关系管理，实现科研项目管理一体化

科技与经济的结合，也意味着人才的合理配置，在现行体制下，来自院所的人员和来自企业的人员都属于不同的管理体制之下，如果没有一个较理想的管理机制，双方人员很难有一个良好的工作环境，导致在产学研合作中事业单位的管理模式和企业的管理模式不能使人员进行合理配置。目前，地方高校产学研合作项目通常被纳入科研部门管理的职责之中，虽设有专门的科室和配备了专门的人员对其进行管理，实际却只对合作项目进行简单的统计和管理。因此，我们需要探索一种新的管理模式，既能简化各部门关系管理，又能实现科研项目管理一体化。

产学研合作项目风险大，完成时间无法确定，项目人员跨领域、跨文化，利益相关方繁多、复杂，因此，简化各部门关系管理，有利于节约管理成本，提高产学研协同创新效率。

（1）保证组织内部双方单位实力相当。产学研合作双方基于自身利益的考虑，有各自不同的目的，由于合作本身也是一个博弈的过程，加之产学研合作项目的管理者来自高校、研究院所以及企业等不同单位，如果不保证双方管理层的实力相当，则可能导致各部门关系复杂，组织内部产生分裂，对开展管理工作有极大阻力。

（2）简化管理层次。管理层次是组织的最高主管到作业人员之间所设置的管理职位层级数。当组织规模相当有限时，一个管理者可以直接管理每一位作业人员的活动，这时组织只存在一个管理层次。而当规模的扩大导致管理工作量超出一个人所能承担的范围时，为了保证组织的正常运转，管理者必须委托他人分担自己的一部分管理工作。随着层次和管理者人数的增多，控制活动更加困难，也更为重要。因此，在规划组织内部部门时，应考虑管理层次方面的因素。

（3）产学研合作协同创新内容本身是一项项目，因此运用项目管理的知识，设立相关负责人，如聘任专业人才担任项目经理之类的职位，实现项目个人责任制，使责任落实到具体的个人，简化关系管理，避免合作中产生的由于责任不明确而导致合作双方互相推诿，从而致使产学研合作项目的失败。

第三节 制定相应的国家及地方法律法规和各类协议

产学研合作法律法规和各类协议制定的严谨性和时效性反映出一国对产学研合作的重视程度，也反映出了国家科技发展的重视程度，在促进工业、高等院校和科研机构的发展上具有重要意义。

在产学研协同创新中，主要需要的法律法规以及协议保障有产学研资金支持问题、项目推进问题、知识产权问题、利益分配以及纠纷解决问题、相关科技中介机构监管问题等，相应地，国家以及地方法律法规和各类协议应当鼓励、支持、引导产学研协同创新的进行以及监管并严惩违规违法的行为，保障各个单位的切实利益，起到激发积极性的作用，为产学研协同创新创造良好的社会环境。

我国现有《科学技术进步法》《技术合同法》《专利法》《商标法》《促进科技成果转化法》等与产学研合作有关的相关条文，然而现行法律法规笼统，缺乏具体内容和细则，不能满足现代科技发展和经济发展的需要；政府对产学研合作没能形成长久的、持续的规划，利益分配机制不健全，打击了参与合作的积极性，导致合作项目不能顺利进行；政府部门的职责存在错位与缺位现象，产学研合作法律法规的制定没有明确的方向；未能出台关于产学研合作方面的专项立法，缺乏健全的法律保障体系，因此产生风险和利益纠纷的概率较大；没有一定的约束力作为保障，产学研合作项目失败的概率大大增加。

应加快出台产学研的相关法律法规，制定有关产学研创新体系建设的法律体系，严格对产学研协同创新参与者进行有效监管，以保障产学研协同创新顺利进行。

第四节　建立和培养信任机制，保持各方目标协调一致

产学研协同创新的主体部分是企业、高校和研究所的合作，企业为高校及研究所提供主要资本支持，高校和研究所为企业提供知识、技术、人才等支持，双方通力合作，将科研成果转化为能改善人民生活的流通商品是产学研协同创新的最终目的。由此可见，产学研合作双方以信任为合作关系建立的基础，保持各方目标协调一致，是产学研知识技术得以流通、成果实现转化的重要前提。

首先，培养信任机制需要让企业成为选择联盟伙伴的主体。当前的政府主导型联盟中有很多企业并没有真正成为联盟决策主体，包括联盟伙伴的选择往往出于非市场因素。而企业只有在自主制定联盟方案时，才能不断增进双方了解和认识，充分认识双方互惠互利的机会，也有利于培养相互信任机制。

其次，培养信任机制对联盟双方的领导者提出了要求。根据社会交换理论，加盟企业的双方主管之间的信任对于培养联盟成员之间的信任中十分重要。主管信任除了可以像同事信任一样能产生资源交换意愿以外，双方企业成员出于对各自主管的信任会表现出可信行为，而产生间接资源交换意愿。

根据自身需求选择合适的合作伙伴，并建立长期稳定、信任且友好的合作关系，保持双方目标协调一致，是各个单位进行产学研协同创新时必须考虑进去的因素。

第五节　建设产学研协同创新对接机制

据记载，辽宁省产学研联盟起步较早，但由于各方创新力量自成体系、科研资源布局分散、基础设施重复建设、高校科技成果转化率不高等问题，全省产学研协同创新机制需要进一步改进和完善。

辽宁省目前处于产学研合作体系建设和发展阶段，多家单位之间形成了紧密战略合作联盟关系。但要实现全省科研实力全方位增强，科技转化程度进一步提高，则必须加快建设产学研协同创新对接机制。

辽宁省政府应与大学界、企业界等联合创设有利于产学研协同创新的区域，最好放在高校、研究所集中区域，并且吸引企业“落户”，形成产业集群，解决科研资源布局分散的局面，增进各个单位之间交流与合作的机会，这有利于各个单位在选择合作对象时，对各方有更深入的了解。政府应该加快转型升级成服务型政府，制定有利于产学研协同创新的政策，对产学研协同创新进行整体规划、顶层设计以及资源配置，避免重复建设，不过多参与企业和高校具体事务与实际运作中，并且引导合作单位形成一对一形式协同创新，建立起长期合作。在产学研集中区域，辽宁省可以借鉴北卡三角研究院的“基金会”模式进行相应管理，有利于政府及时了解企业、高校以及研究所的需求，也有利于增进各单位对政府政策的理解，以及各单位之间的深入了解。建立产学研协同创新园区，构建大学—企业—研究所—政府相联结的网络，通过合理引导，形成各单位间良性竞争机制，有利于知识在此网络中实现较为畅通的转移，增加知识再创造的可能，形成良性循环，同时有利于实现科研经费等持续不断投入高校和研究院所。

本章小结

本章从政府、组织部门、法律法规、合作关系以及市场机制五个角度分析了辽宁省高校产学研协同创新管理体系必需的实施保障，要求：健全政府调控管理机制；简化各部门关系管理，实现科研项目管理一体化；制定相应的国家及地方法律法规和各类协议；以信任为合作关系建立的基础，保持各方目标协调一致；建设产学研协同创新对接机制。只有建立起强有力的实施保障，产学研协同创新的进程才能得到动力而一直不断向前推进，促进科技成果不断转化成市场认可的、民众需要的流通商品，以拉动辽宁省生产力和消费水平，实现市场的繁荣发展，从而为中华民族伟大复兴的到来打下良好的经济基础，实现民富国强。

参考文献

［1］苏敬勤，刘建华，姜照华．国家创新体系国际化的模型与测算：中美比较［M］．北京：科学出版社，2014.

［2］蓝晓霞．美国产学研协同创新机制研究［M］．北京：北京交通大学出版社，2014.

［3］潘雄锋，杨越．区域创新体系运行的基本理论框架及中国的实证研究［M］．北京：科学出版社，2015.

［4］孙玉涛，刘凤朝．国家创新能力成长机理研究［M］．北京：科学出版社，2011.

［5］洪银兴．产学研协同创新研究［M］．北京：人民出版社，2015.

［6］张学文，陈劲．面向创新型国家的产学研协同创新：知识边界与路径研究［M］．北京：经济科学出版社，2014.

［7］陆园园．中外产学研协同创新研究［M］．北京：人民出版社，2017.

［8］姜彤彤．高等学校人文社科科研效率评价相关问题研究——以教育部直属高校为例［M］．北京：中国社会科学出版社，2016.

［9］齐书宇．高校教师科技创新效率研究［M］．武汉：华中师范大学出版社，2016.

［10］姜彤彤．高等学校科研绩效评价研究［M］．北京：中国社会科学出版社，2014.

［11］李玲玲．高校协同创新绩效评价研究［M］．北京：科学出版社，2016.

［12］盛昭瀚，朱乔，吴广谋．DEA 理论、方法与应用［M］．北京：科学出版社，1996.

［13］魏权龄．数据包络分析［M］．北京：科学出版社，2004.

［14］郑刚，何郁冰，陈劲．“中国制造”如何通过开放式自主创新提升国际竞争力——中国集团自主创新模式的案例研究［J］．科研管理，2008，29（4）．